Impressum
Verlag: BABADADA GmbH, Nedderfeld 112 , 22529 Hamburg
Geschäftsführer / Verlagsleitung: Harald Hof
Druck: Books on Demand GmbH, In de Tarpen 42, 22848 Norderstedt

Imprint
Publisher: BABADADA GmbH, Nedderfeld 112 , 22529 Hamburg, Germany
Managing Director / Publishing direction: Harald Hof
Print: Books on Demand GmbH, In de Tarpen 42, 22848 Norderstedt

בית ספר
el colegio

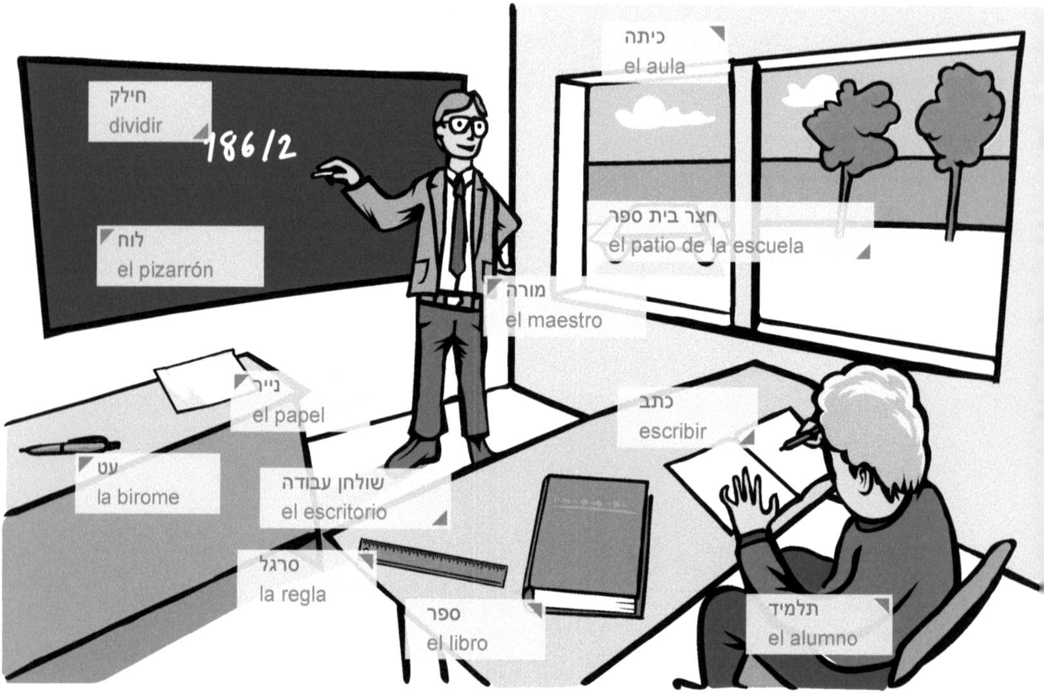

כיתה
el aula
חילק
dividir
186/2
לוח
el pizarrón
חצר בית ספר
el patio de la escuela
מורה
el maestro
נייר
el papel
כתב
escribir
עט
la birome
שולחן עבודה
el escritorio
סרגל
la regla
ספר
el libro
תלמיד
el alumno

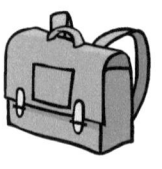

ילקוט
....
la mochila

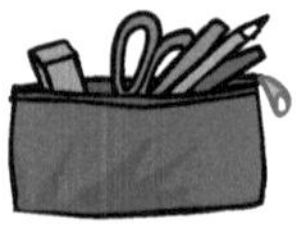

קלמר
....
la caja de lápices

עיפרון
....
el lápiz

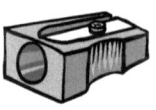

מחדד
....
el sacapuntas

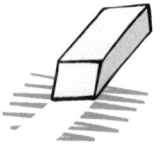

גומי מחיקה
....
la goma (de borrar)

חוברת סרטוט
....
el bloc de dibujo

סרטוט

el dibujo

מברשת

el pincel

קופסת צבעים

la caja de pinturas

מספריים

la tijera

דבק

el pegamento

ספר תרגול

el cuaderno de ejercicios

שיעור בית

la tarea

מספר

el número

חיבר

sumar

חיסר

restar

הכפיל

multiplicar

חישב

calcular

אות

la letra

אלפבית

el abecedario

מילה

la palabra

טקסט

el texto

קרא

leer

גיר

la tiza

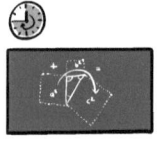

שיעור

la lección

יומן נוכחות

el cuaderno de clase

מבחן

el examen

תעודה

el certificado

תלבושת בית ספר

el uniforme escolar

חינוך

la educación

אנציקלופדיה

la enciclopedia

אוניברסיטה

la universidad

מיקרוסקופ

el microscopio

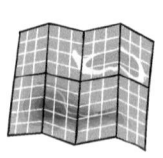

מפה

el mapa

סל נייר

el tacho (de basura)

נסיעה
el viaje

מלון
el hotel
Grand
הוסטל
el hostel
ROOMS
המרת מטבע
la casa de cambio
EXCHANGE
מזוודה
la valija
אוטו
el auto

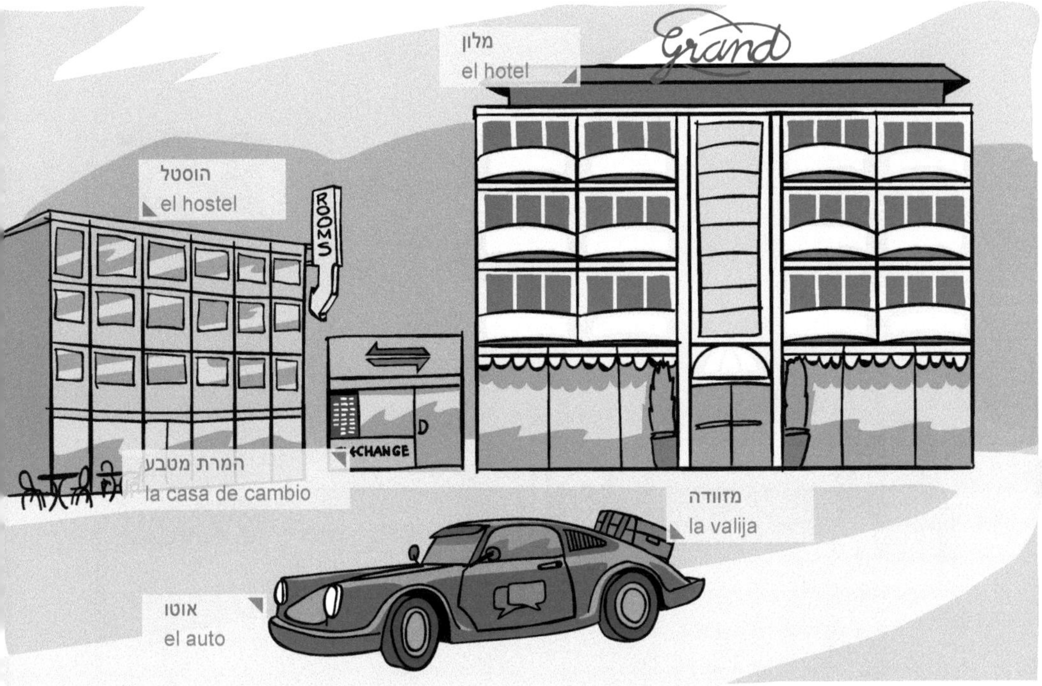

שפה
el idioma

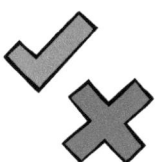

כן / לא
sí / no

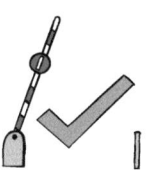

בסדר
Está bien

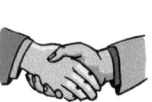

שלום
hola

מתרגם
el traductor

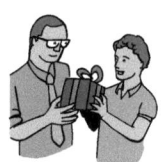

תודה
Gracias

כמה עולה.....?

¿cuánto cuesta...?

אני לא מבין

No entiendo

בעיה

el problema

ערב טוב!

¡Buenas tardes!

בוקר טוב!

¡Buenos días!

לילה טוב!

¡Buenas noches!

להתראות

el adiós

כיוון

la dirección

כבודה

el equipaje

תיק

el bolso

תרמיל גב

la mochila

אורח

el invitado

חדר

la habitación

שק שינה

la bolsa de dormir

אוהל

la carpa

מרכז מידע לתיירים

la información turística

חוף ים

la playa

כרטיס אשראי

la tarjeta de crédito

ארוחת בוקר

el desayuno

ארוחת צהריים

el almuerzo

ארוחת ערב

la cena

כרטיס

el pasaje

מעלית

el ascensor

בול

el sello

גבול

la frontera

מכס

la aduana

שגרירות

la embajada

אשרה

la visa

דרכון

el pasaporte

תחבורה
el transporte

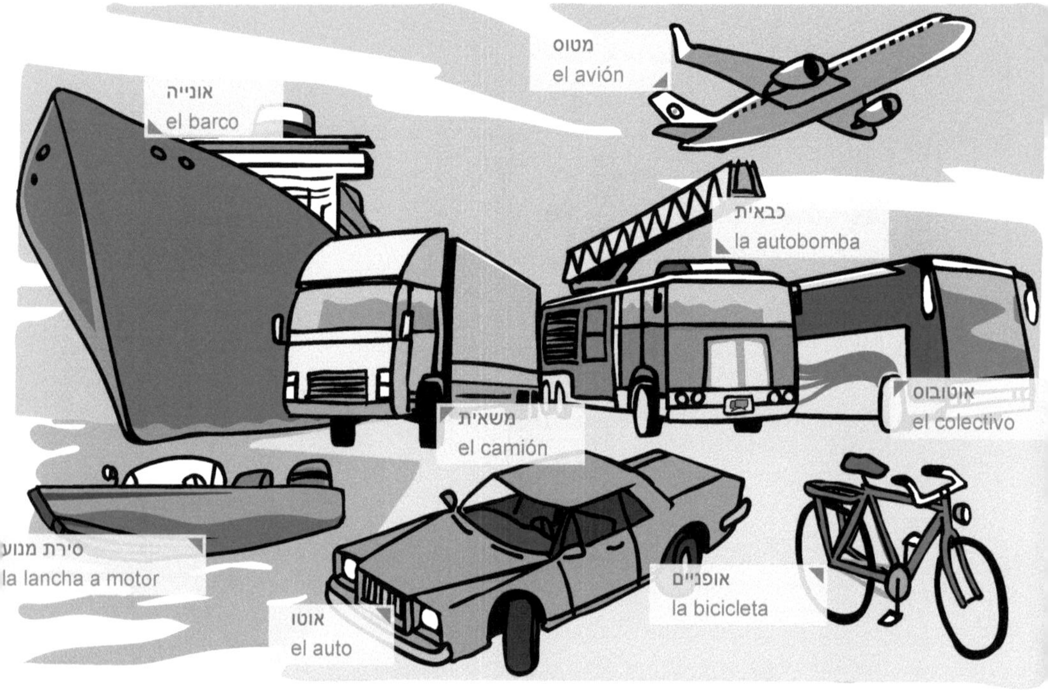
מטוס
el avión
אונייה
el barco
כבאית
la autobomba
אוטובוס
el colectivo
משאית
el camión
סירת מנוע
la lancha a motor
אופניים
la bicicleta
אוטו
el auto

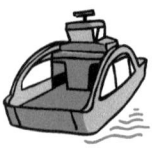

מעבורת
el ferry

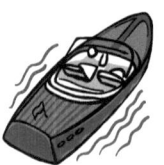

סירה
el bote

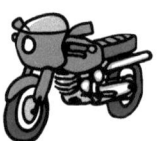

אופנוע
la moto

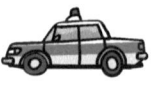

ניידת משטרה
el patrullero

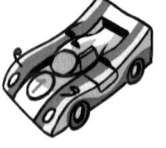

מכונית מרוץ
el auto de carreras

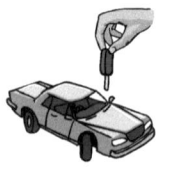

רכב שכור
el auto de alquiler

מכוניות בשיתוף

el alquiler de autos

אוטו גרר

la grúa

משאית זבל

el camión de la basura

מנוע

el motor

דלק

la nafta

תחנת דלק

la estación de servicio

תמרור

la señal de tránsito

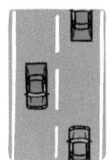

תנועה

el tránsito

פקק תנועה

el embotellamiento

חניה

el estacionamiento

תחנת רכבת

la estación de tren

פסי רכבת

las vías

רכבת

el tren

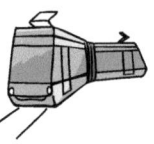

רכבת קלה

el tranvía

קרון

el vagón

מסוק

el helicóptero

שדה-תעופה

el aeropuerto

מגדל

la torre

נוסע

el pasajero

קונטיינר

el contenedor

קרטון

la caja de cartón

עגלה

la carretilla

סל

la canasta

המראה / נחיתה

despegar / aterrizar

עיר

la ciudad

כפר

el pueblo

מרכז העיר

el centro de la ciudad

בית

la casa

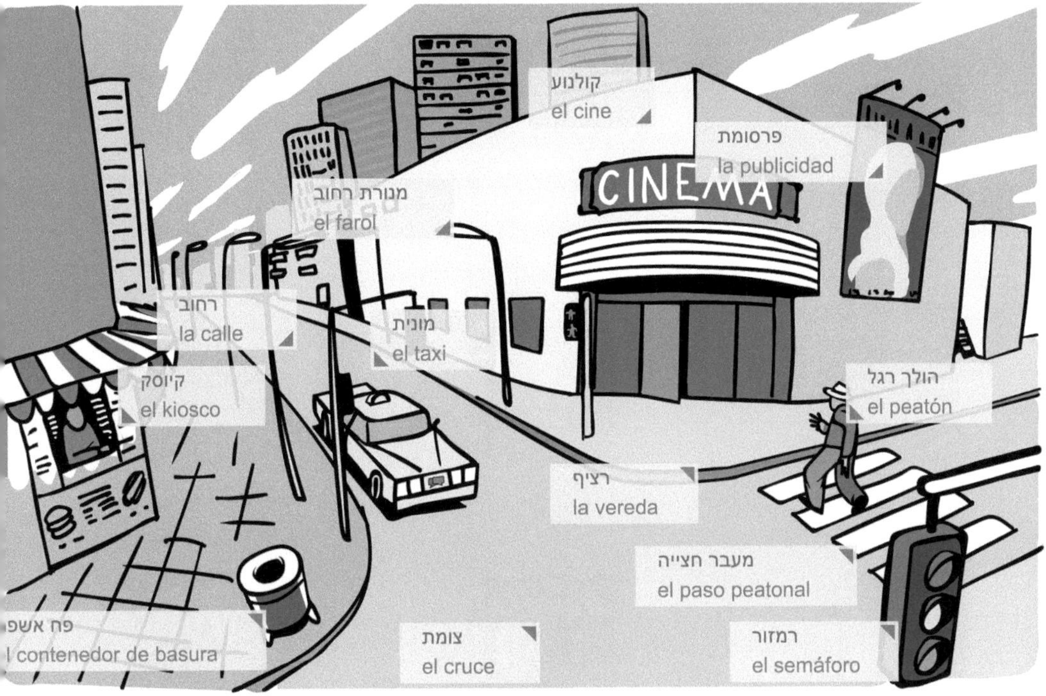

קולנוע
el cine
CINEMA
פרסומת
la publicidad
מנורת רחוב
el farol
רחוב
la calle
מונית
el taxi
קיוסק
el kiosco
הולך רגל
el peatón
רציף
la vereda
מעבר חצייה
el paso peatonal
פח אשפ
l contenedor de basura
צומת
el cruce
רמזור
el semáforo

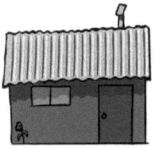

בקתה
....
la cabaña

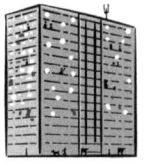

דירה
....
el departamento

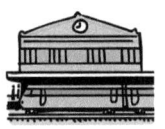

תחנת רכבת
....
la estación de tren

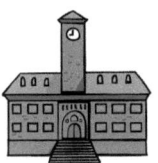

עירייה
....
la municipalidad

MUSEUM

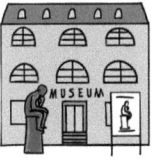

מוזיאון
....
el museo

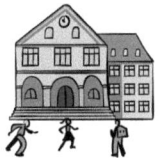

בית ספר
....
el colegio

אוניברסיטה

la universidad

בנק

el banco

בית חולים

el hospital

מלון

el hotel

בית מרקחת

la farmacia

משרד

la oficina

חנות ספרים

la librería

חנות

el negocio

חנות פרחים

la florería

סופרמרקט

el supermercado

שוק

el mercado

כל-בו

las grandes tiendas

מוכר דגים

la pescadería

קניון

el centro comercial

נמל

el puerto

פארק

el parque

ספסל

el banco

גשר

el puente

מדרגות

las escaleras

רכבת תחתית

el subte

מנהרה

el túnel

תחנת אוטובוס

la parada del colectivo

בר

el bar

מסעדה

el restaurante

תא דואר

el buzón

שלט רחוב

el letrero

מדחן

el parquímetro

גן חיות

el zoológico

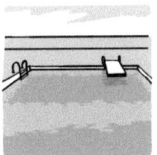

בריכת שחיה

la pileta

מסגד

la mezquita

חווה

la granja

זיהום

la contaminación

בית עלמין

el cementerio

כנסייה

la iglesia

מגרש משחקים

los juegos infantiles

בית מקדש

el templo

נוף

el paisaje

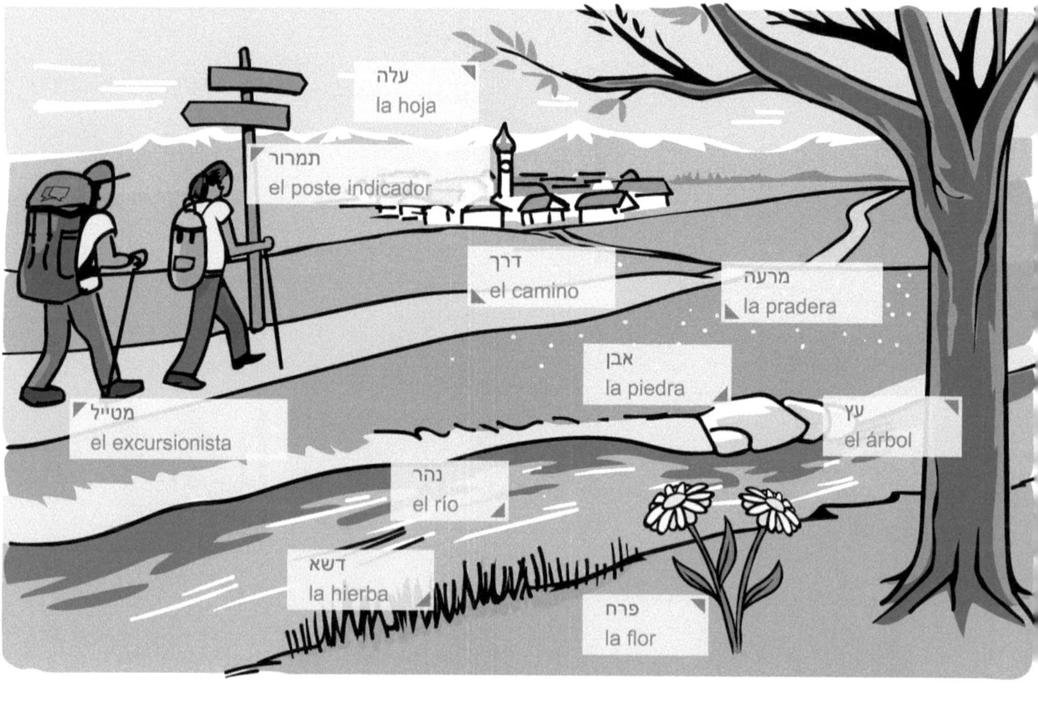

עלה
la hoja

תמרור
el poste indicador

דרך
el camino

מרעה
la pradera

אבן
la piedra

עץ
el árbol

מטייל
el excursionista

נהר
el río

דשא
la hierba

פרח
la flor

בקעה

el valle

הר

la montaña

אגם

el lago

יער

el bosque

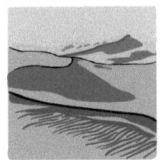

מדבר

el desierto

הר געש

el volcán

טירה

el castillo

קשת בענן

el arco iris

פטריה

el champiñón

דקל

la palmera

יתוש

el mosquito

זבוב

la mosca

נמלה

la hormiga

דבורה

la abeja

עכביש

la araña

חיפושית

el escarabajo

צפרדע

la rana

סנאי

la ardilla

קיפוד

el erizo

ארנב

la liebre

ינשוף

la lechuza

ציפור

el pájaro

ברבור

el cisne

חזיר בר

el jabalí

צבי

el ciervo

אייל הקורא

el alce

סכר

la presa

טורבינת רוח

el aerogenerador

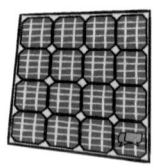

פנל סולארי

el panel solar

אקלים

el clima

מסעדה
el restaurante

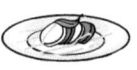

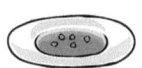

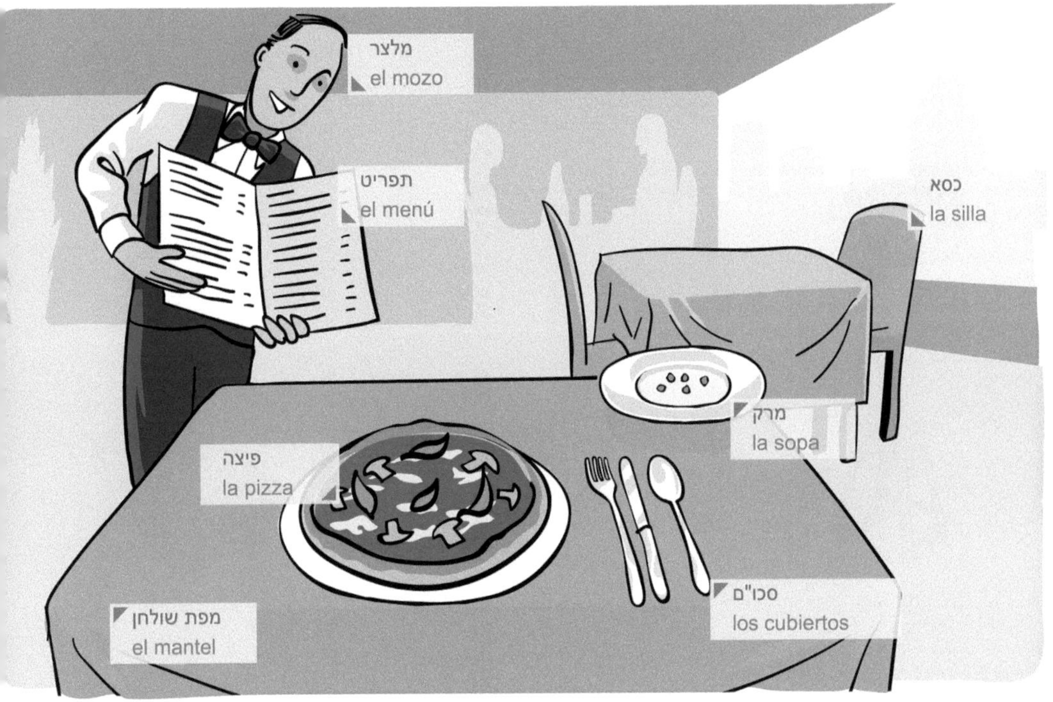
מלצר
el mozo
תפריט
el menú
כסא
la silla
מרק
la sopa
פיצה
la pizza
סכו"ם
los cubiertos
מפת שולחן
el mantel

מנת פתיחה
....
la entrada

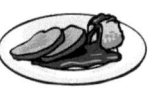

מנה עיקרית
....
el plato principal

קינוח
....
el postre

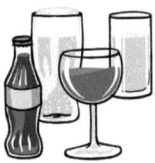

שתיות
....
las bebidas

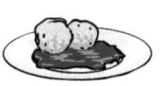

אוכל
....
la comida

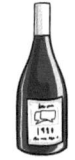

בקבוק
....
la botella

מזון מהיר

la comida rápida

אוכל רחוב

la comida callejera

קנקן תה

la tetera

מסכרת

la azucarera

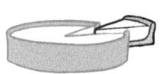

מנה

la porción

מכונת אספרסו

la cafetera expreso

כסא תינוק

la sillita alta

חשבון

la cuenta

מגש

la bandeja

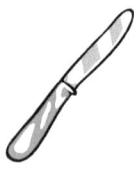

סכין

el cuchillo

מזלג

el tenedor

כף

la cuchara

כפית

la cucharita

מפית

la servilleta

כוס

el vaso

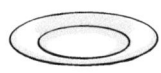

צלחת

el plato

קערת מרק

el plato hondo

תחתית

el plato

רוטב

la salsa

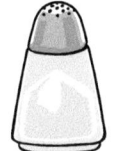

מלחייה

el salero

מטחנת פלפל

el molinillo de pimienta

חומץ

el vinagre

שמן

el aceite

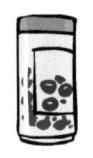

תבלינים

las especias

קטשופ

el kétchup

חרדל

la mostaza

מיונז

la mayonesa

סופרמרקט

el supermercado

מבצע
la oferta especial
לקוח
el cliente
מוצרי חלב
los lácteos
פירות
la fruta
עגלת קניות
el changuito
FOR

BUTCHERS

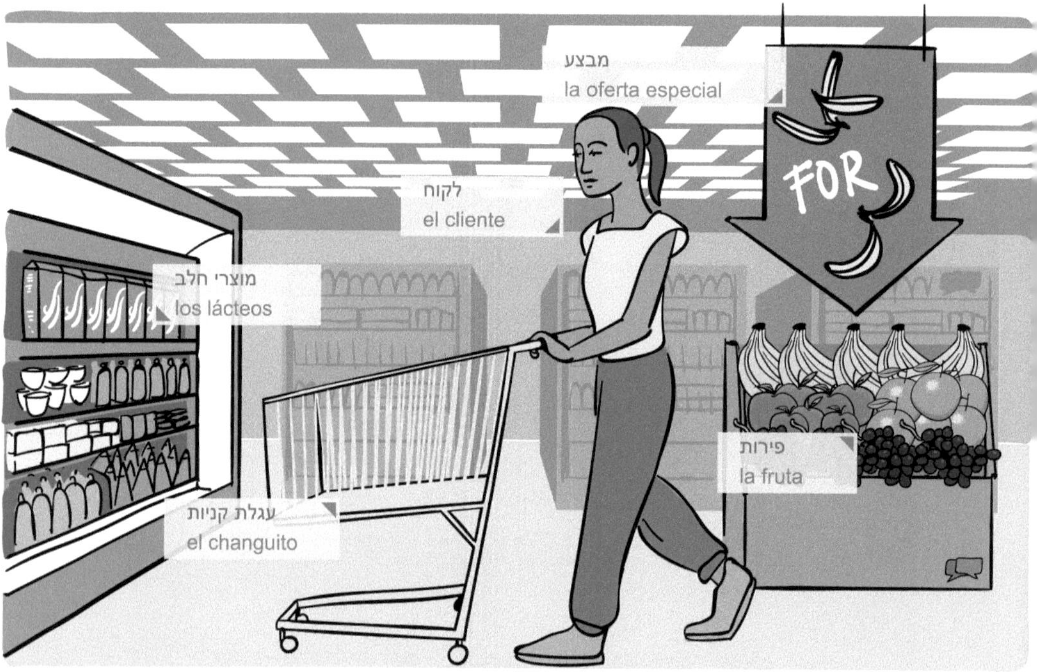

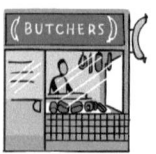

אטליז

la carnicería

BAKERY

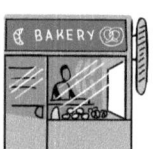

מאפייה

la panadería

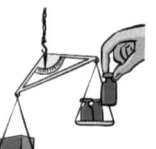

שקל

pesar

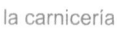

ירקות

las verduras

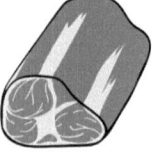

בשר

la carne

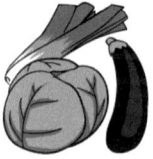

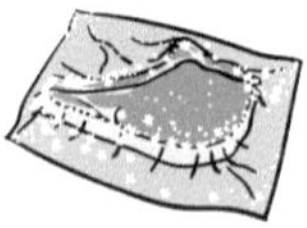

מזון קפוא

los alimentos congelados

בשר קר

los fiambres

שימורים

los alimentos enlatados

אבקת כביסה

el detergente en polvo

ממתקים

las golosinas

מוצרי בית

los electrodomésticos

חומר ניקוי

los productos de limpieza

מוכרת

la vendedora

קופה

la caja

קופאי

el cajero

רשימת קניות

la lista de compras

שעות פתיחה

el horario de atención

ארנק

la billetera

כרטיס אשראי

la tarjeta de crédito

תיק

la cartera

שקית ניילון

la bolsa de plástico

מים
el agua

מיץ
el jugo

חלב
la leche

קולה
la bebida cola

יין
el vino

בירה
la cerveza

אלכוהול
el alcohol

קקאו
el cacao

תה
el té

קפה
el café

אספרסו
el café expreso

קפוצ'ינו
el cappuccino

בננה

la banana

תפוח

la manzana

תפוז

la naranja

אבטיח

el melón

לימון

el limón

גזר

la zanahoria

שום

el ajo

במבוק

el bambú

בצל

la cebolla

פטריות

el champiñón

אגוזים

las nueces

אטריות

los fideos

ספגטי

los tallarines

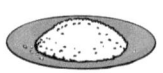

אורז

el arroz

סלט

la ensalada

צ'יפס

las papas fritas

צ'יפס

las papas fritas

פיצה

la pizza

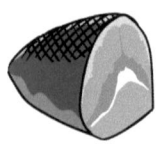

המבורגר

la hamburguesa

כריך

el sándwich

שניצל

el churrasco

שינקין

el jamón

סלאמי

el salame

נקניקיה

la salchicha

עוף

el pollo

טיגון

el asado

דג

el pescado

שיבולת שועל

los copos de avena

מוזלי

el muesli

קורנפלקס

los copos de maíz

קמח

la harina

קרואסון

la medialuna

לחמנייה

el pancito

לחם

el pan

טוסט

la tostada

עוגיות

las galletitas

חמאה

la manteca

גבינה לבנה

la cuajada

עוגה

la torta

ביצה

el huevo

ביצת עין

el huevo frito

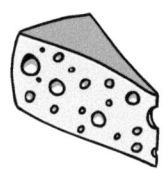

גבינה

el queso

גלידה

el helado

סוכר

el azúcar

דבש

la miel

ריבה

la mermelada

ממרח נוגט

la pasta de chocolate

קארי

el curry

חווה
la granja

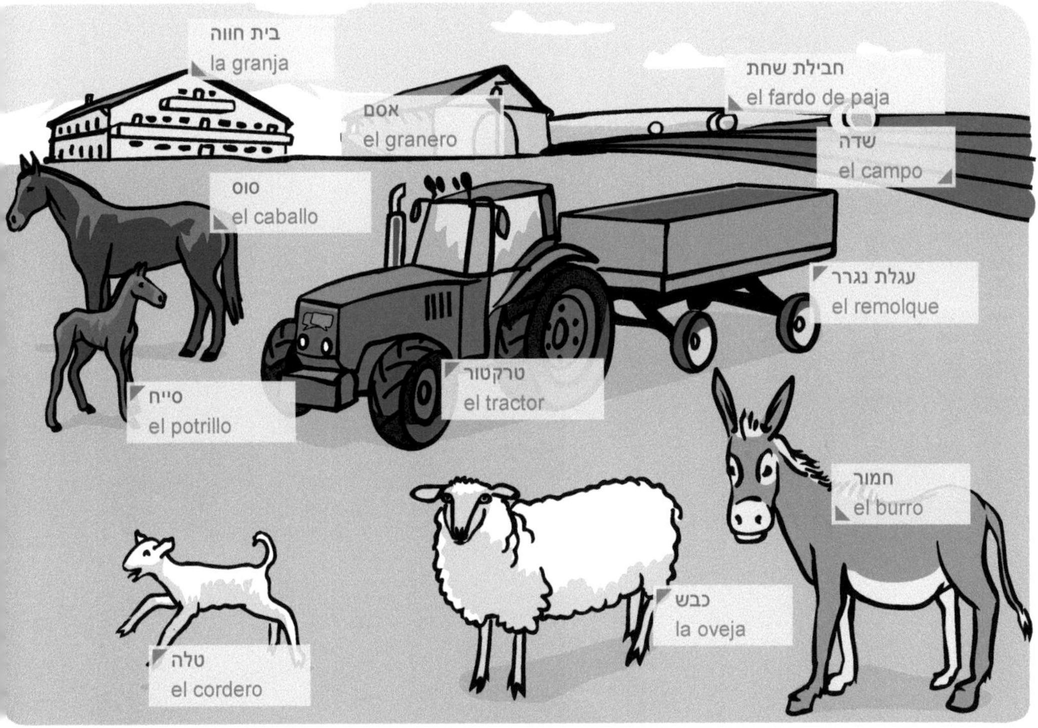

בית חווה
la granja
אסם
el granero
חבילת שחת
el fardo de paja
שדה
el campo
סוס
el caballo
עגלת נגרר
el remolque
טרקטור
el tractor
סייח
el potrillo
חמור
el burro
כבש
la oveja
טלה
el cordero

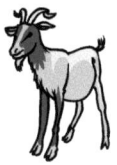

עז
la cabra

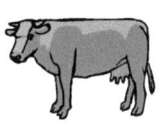

פרה
la vaca

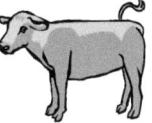

עגל
el ternero

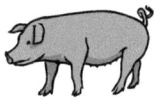

חזיר
el cerdo

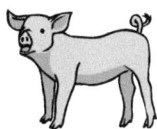

חזרזיר
el lechón

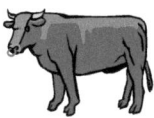

שור
el toro

אווז

el ganso

ברווז

el pato

אפרוח

el pollo

תרנגולת

la gallina

תרנגול

el gallo

חולדה

la rata

חתול

el gato

עכבר

el ratón

שור

el buey

כלב

el perro

מלונה

la cucha

צינור השקיה

la manguera

קנקן מים

la regadera

חרמש

la guadaña

מחרשה

el arado

מגל

la hoz

מגרפה

la azada

קלשון

la horquilla

גרזן

el hacha

מריצה

la carretilla

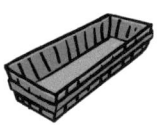

שוקת

el abrevadero

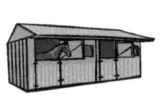

כד חלב

la lechera

שק

la bolsa

גדר

la reja

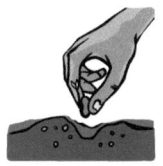

אורווה

el establo

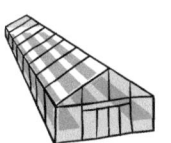

חממה

el invernadero

אדמה

el suelo

זרע

la semilla

דשן

el fertilizador

מקצרה

la cosechadora

קצר

cosechar

קציר

la cosecha

בטטה אפריקנית

las batatas

חיטה

el trigo

סויה

la soja

תפוח אדמה

la papa

תירס

el maíz

קנולה

la semilla de colza

עץ פירות

el árbol frutal

קסבה

la mandioca

דגנים

los cereales

בית
la casa

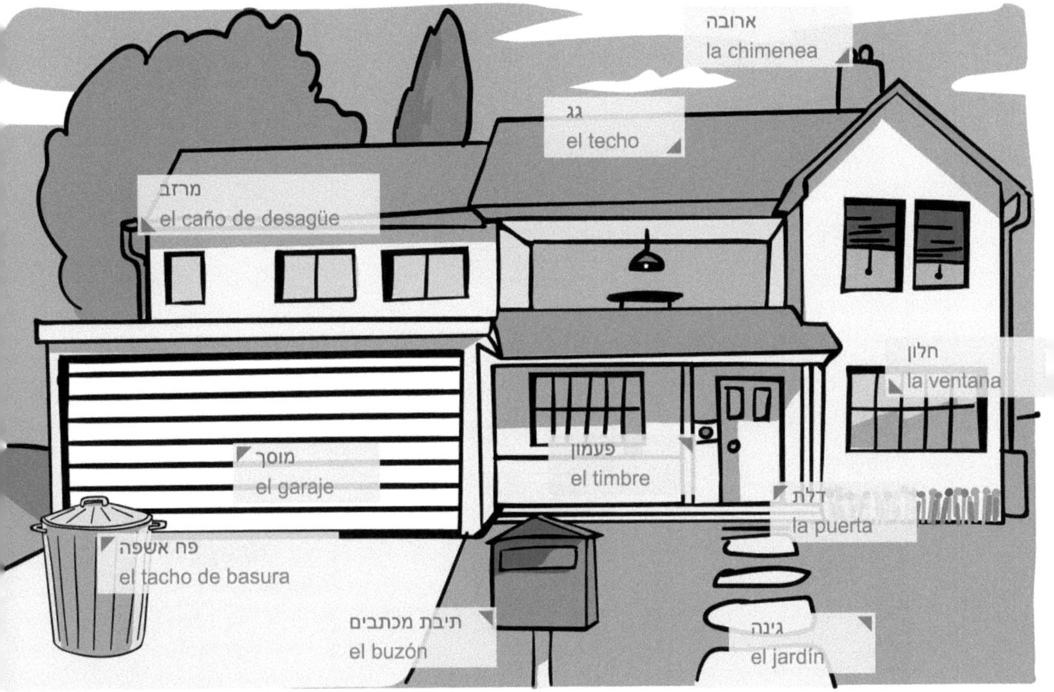

ארובה
la chimenea
גג
el techo
מרזב
el caño de desagüe
חלון
la ventana
מוסך
el garaje
פעמון
el timbre
דלת
la puerta
פח אשפה
el tacho de basura
תיבת מכתבים
el buzón
גינה
el jardín

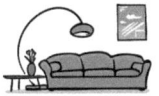

סלון
....
el living

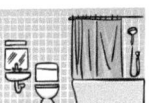

חדר אמבטיה
....
el baño

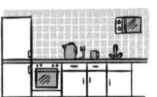

מטבח
....
la cocina

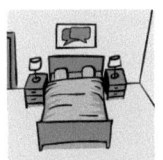

חדר שינה
....
el dormitorio

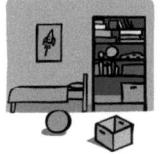

חדר ילדים
....
el cuarto de los chicos

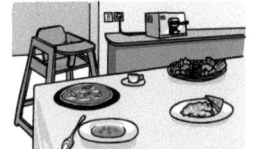

חדר אוכל
....
el comedor

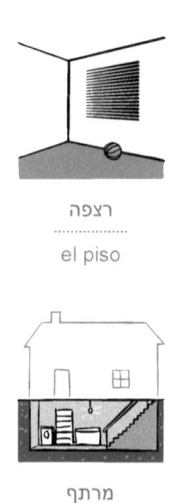

רצפה

el piso

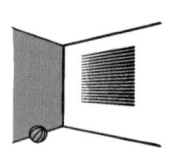

קיר

la pared

תקרה

el cielorraso

מרתף

el sótano

סאונה

el sauna

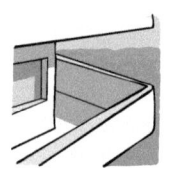

מרפסת

el balcón

מרפסת

la terraza

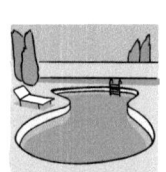

בריכה

la pileta

מכסחת דשא

la cortadora de pasto

סדין

la sábana

כיסוי מיטה

el acolchado

מיטה

la cama

מטאטא

la escoba

דלי

el balde

מפסק

el interruptor

סלון
el living

טפט
el empapelado
תמונה
la imagen
מנורה
la lámpara
מדף
el estante
ארון
el armario
טלוויזיה
la televisión
אח
la chimenea
פרח
la flor
כרית
el almohadón
ספה
el sofá
אגרטל
el florero
שלט רחוק
el control remoto

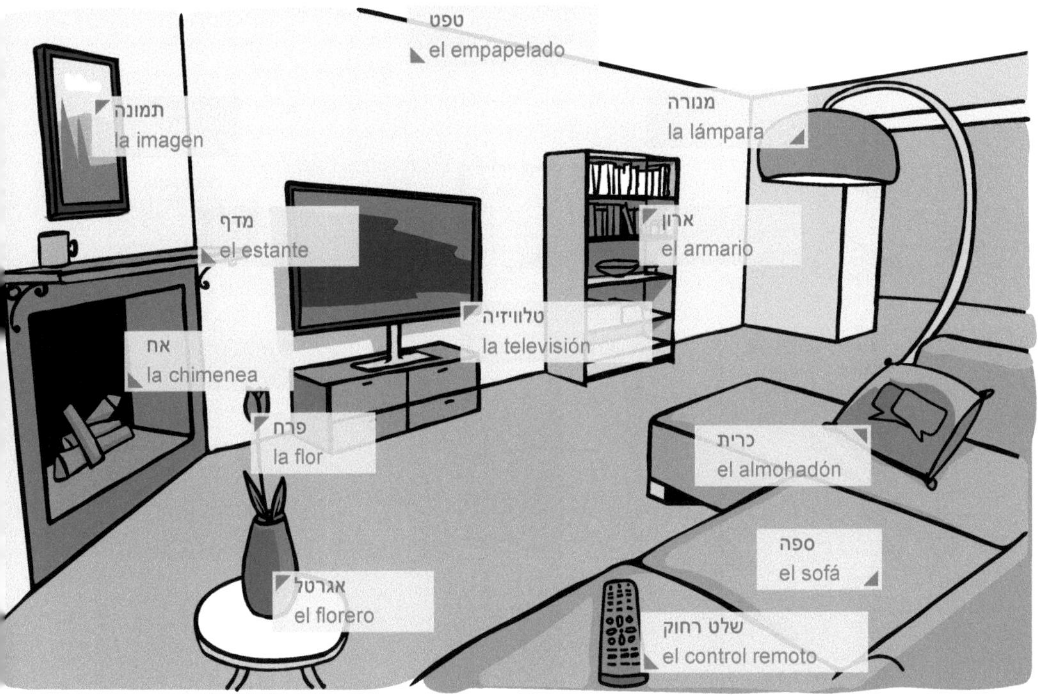

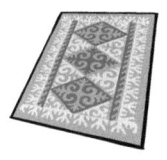

שטיח

la alfombra

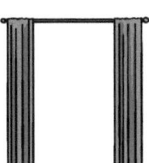

וילון

la cortina

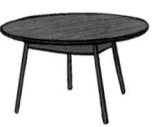

שולחן

la mesa

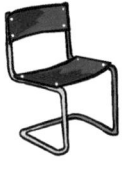

כסא

la silla

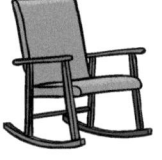

כיסא נדנדה

la mecedora

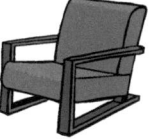

כורסה

el sillón

ספר

el libro

שמיכה

la frazada

דקורציה

la decoración

עצי הסקה

la leña

סרט

la película

מערכת סטריאו

el equipo de música

מפתח

la llave

עיתון

el diario

ציור

la pintura

פוסטר

el póster

רדיו

la radio

מחברת

el cuaderno

שואב אבק

la aspiradora

קקטוס

el cactus

נר

la vela

מטבח
la cocina

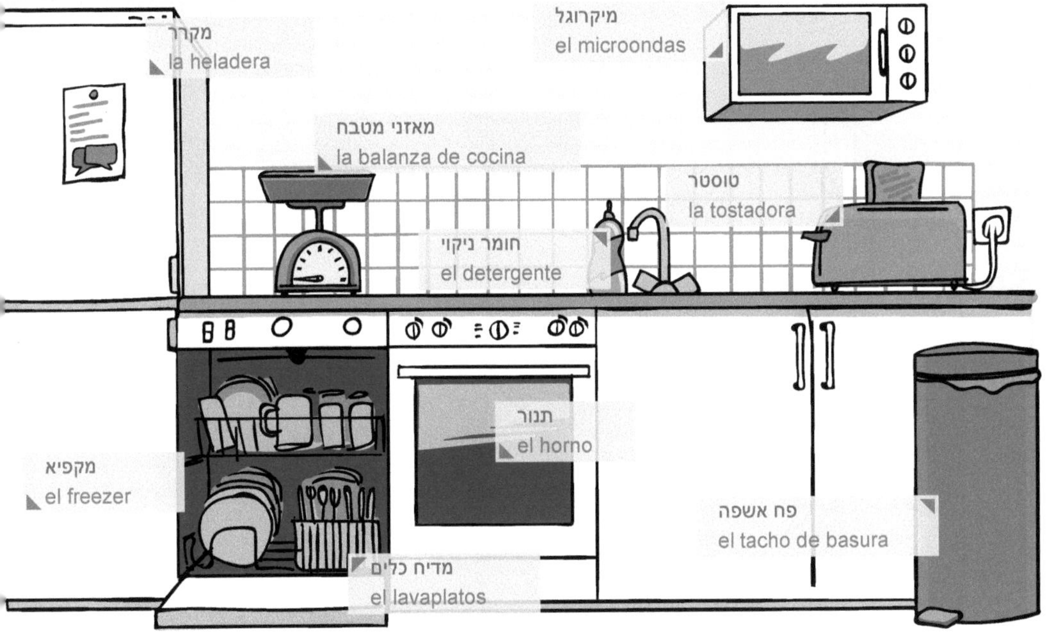

מקרר
la heladera
מיקרוגל
el microondas
מאזני מטבח
la balanza de cocina
טוסטר
la tostadora
חומר ניקוי
el detergente
תנור
el horno
מקפיא
el freezer
פח אשפה
el tacho de basura
מדיח כלים
el lavaplatos

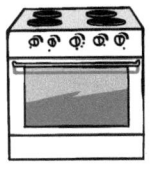

תנור

la cocina

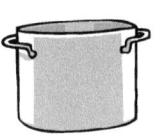

סיר

la olla

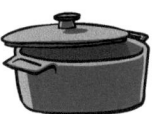

סיר ברזל

la olla de hierro fundido

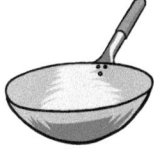

ווק

el wok

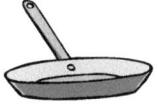

מחבת

la sartén

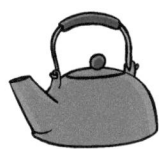

קומקום חשמלי

la pava

מאדה
la vaporera

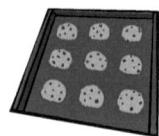

מגש אפייה
la bandeja de horno

כלי אוכל
la vajilla

ספל
la taza

קערה
el bol

צ'ופסטיקס
los palitos

מצקת
el cucharón

מרית
la espátula

מטרפה
la batidora

מסננת בישול
el colador

מסננת
el colador

מגרדת
el rallador

מכתש
el mortero

גריל
la parrilla

מדורה
la fogata

קרש חיתוך

la tabla de picar

מערוך

el palo de amasar

פותחן פקקים

el sacacorchos

פחית

la lata

פותחן קופסאות

el abrelatas

מטלית

la manopla

כיור

la pileta

מברשת

el cepillo

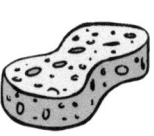

ספוג

la esponja

בלנדר

la batidora

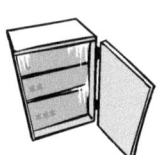

מקפיא

el congelador

בקבוק לתינוק

la mamadera

ברז

la canilla

חדר אמבטיה

el baño

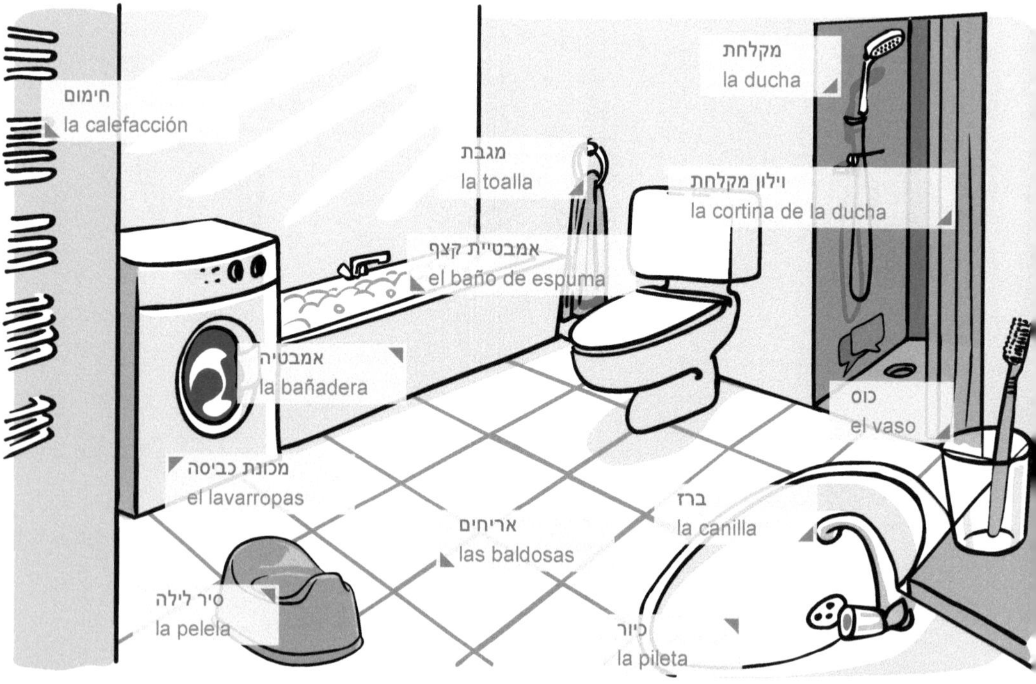

מקלחת
la ducha

חימום
la calefacción

מגבת
la toalla

וילון מקלחת
la cortina de la ducha

אמבטיית קצף
el baño de espuma

אמבטיה
la bañadera

כוס
el vaso

מכונת כביסה
el lavarropas

אריחים
las baldosas

ברז
la canilla

סיר לילה
la pelela

כיור
la pileta

אסלה
el inodoro

אסלת כריעה
la letrina

בידה
el bidé

משתנה
el mingitorio

נייר טואלט
el papel higiénico

מברשת אסלה
el cepillo para el inodoro

מברשת שיניים

el cepillo de dientes

משחת שיניים

el dentífrico

חוט דנטלי

el hilo dental

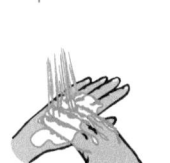

שטף

lavar

מקלחת יד

la ducha de mano

צינור שטיפה לשירותים

la ducha higiénica

קערת רחצה

la palangana

מברשת גב

el cepillo para la espalda

סבון

el jabón

ג'ל רחצה

el gel de ducha

שמפו

el shampoo

ליפה

la toallita

ניקוז

el desagüe

קרם

la crema

דיאודורנט

el desodorante

מראה

el espejo

מראת יד

el espejito

סכין גילוח

la maquinita de afeitar

קצף גילוח

la espuma de afeitar

אפטרשייב

el aftershave

מסרק

el peine

מברשת

el cepillo

מייבש שיעור

el secador de pelo

ספריי לשיער

el spray

איפור

el maquillaje

שפתון

el lápiz de labios

לק

el esmalte para uñas

צמר גפן

el algodón

מספריים לציפורניים

la tijera para uñas

בושם

el perfume

תיק כלי רחצה
el portacosméticos

שרפרף
la banqueta

משקל
la balanza

חלוק רחצה
la bata

כפפות גומי
los guantes de goma

טמפון
el tampón

תחבושת סניטרית
la toallita femenina

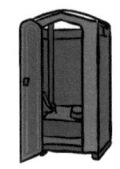

שירותים כימיקליים
el baño químico

חדר ילדים
el cuarto de los chicos

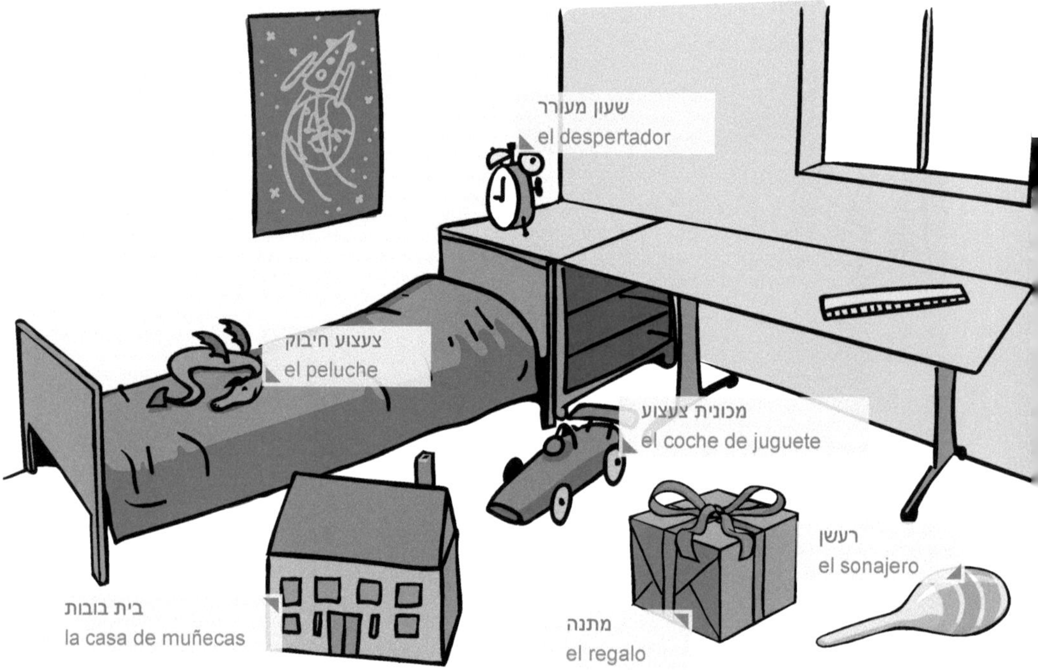

שעון מעורר
el despertador
צעצוע חיבוק
el peluche
מכונית צעצוע
el coche de juguete
רעשן
el sonajero
בית בובות
la casa de muñecas
מתנה
el regalo

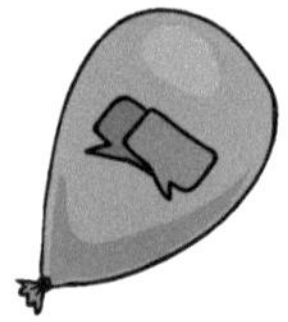

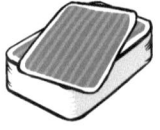

בלון
....
el globo

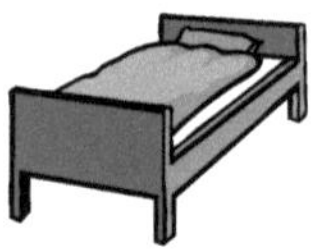

מיטה
....
la cama

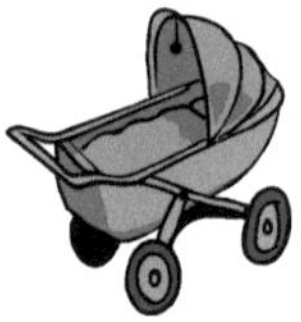

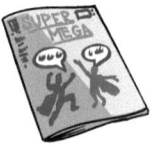

עגלה
....
el cochecito

משחק קלפים
....
las cartas

פאזל
....
el rompecabezas

SUPER MEGA

קומיקס
....
la historieta

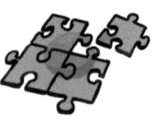

לגו

las piezas de lego

קוביות משחק

los ladrillos de juguete

דמות משחק

la figura de acción

סרבל תינוקות

el enterito (de bebé)

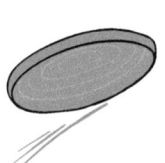

פריזבי

el frisbee

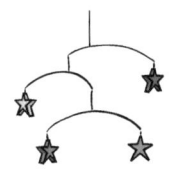

נייד

el móvil para bebés

משחק לוח

el juego de mesa

קוביה

los dados

רכבת צעצוע

el tren eléctrico

מוצץ

el chupete

מסיבה

la fiesta

אלבום תמונות

el libro de cuentos ilustrado

כדור

la pelota

בובה

la muñeca

שיחק

jugar

ארגז חול

el arenero

נדנדה

la hamaca

צעצועים

los juguetes

קונסולת משחקים

la consola de videojuegos

אופניים תלת גלגלי

el triciclo

דובון

el osito de peluche

ארון בגדים

el armario

בגדים

la ropa

גרביים

las medias

גרביונים

las medias panty

גרביון

las calzas

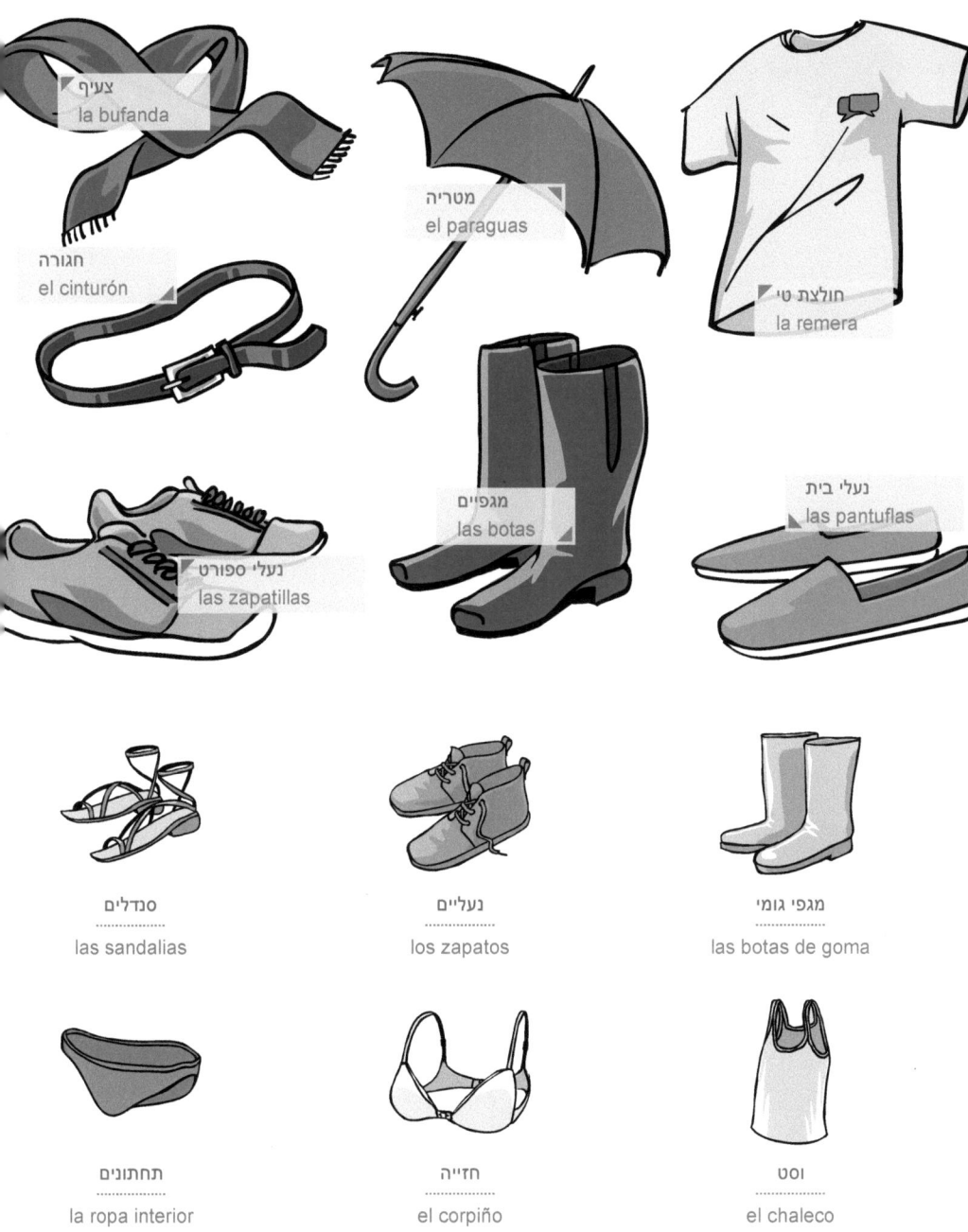

צעיף
la bufanda

מטריה
el paraguas

חולצת טי
la remera

חגורה
el cinturón

מגפיים
las botas

נעלי בית
las pantuflas

נעלי ספורט
las zapatillas

סנדלים
las sandalias

נעליים
los zapatos

מגפי גומי
las botas de goma

תחתונים
la ropa interior

חזייה
el corpiño

וסט
el chaleco

גוף

el body

מכנסיים

los pantalones

ג'ינס

los jeans

חצאית

la pollera

חולצה מכופתרת

la blusa

חולצה

la camisa

אפודה

el pulóver

סווצ'ר עם קפוצ'ון

el buzo

בלייזר

el blazer

ז'קט

la campera

מעיל

el tapado

מעיל גשם

el piloto

תלבושת

el traje

שמלה

el vestido

שמלת כלה

el vestido de novia

חליפה

el traje

כותונת לילה

el camisón

פיג'מה

el pijama

סארי

el sari

מטפחת ראש

el pañuelo para la cabeza

טורבן

el turbante

בורקה

la burka

קאפטן

el caftán

עבאיה

la abaya

בגד ים

el traje de baño

בגד ים

el short de baño

מכנסיים קצרים

los shorts

בגד אימון

el jogging

סינר

el delantal

כפפות

los guantes

כפתור

el botón

משקפיים

los anteojos

צמיד יד

la pulsera

שרשרת

el collar

טבעת

el anillo

עגיל

el aro

כובע

la gorra

קולב

la percha

כובע

el sombrero

עניבה

la corbata

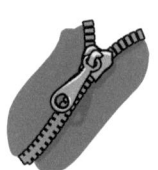

רוכסן

el cierre

קסדה

el casco

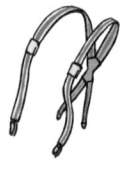

כתפיות

los tiradores

תלבושת בית ספר

el uniforme escolar

מדים

el uniforme

מפית אוכל

el babero

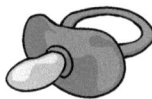

מוצץ

el chupete

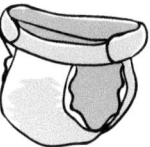

חיתול

el pañal

משרד

la oficina

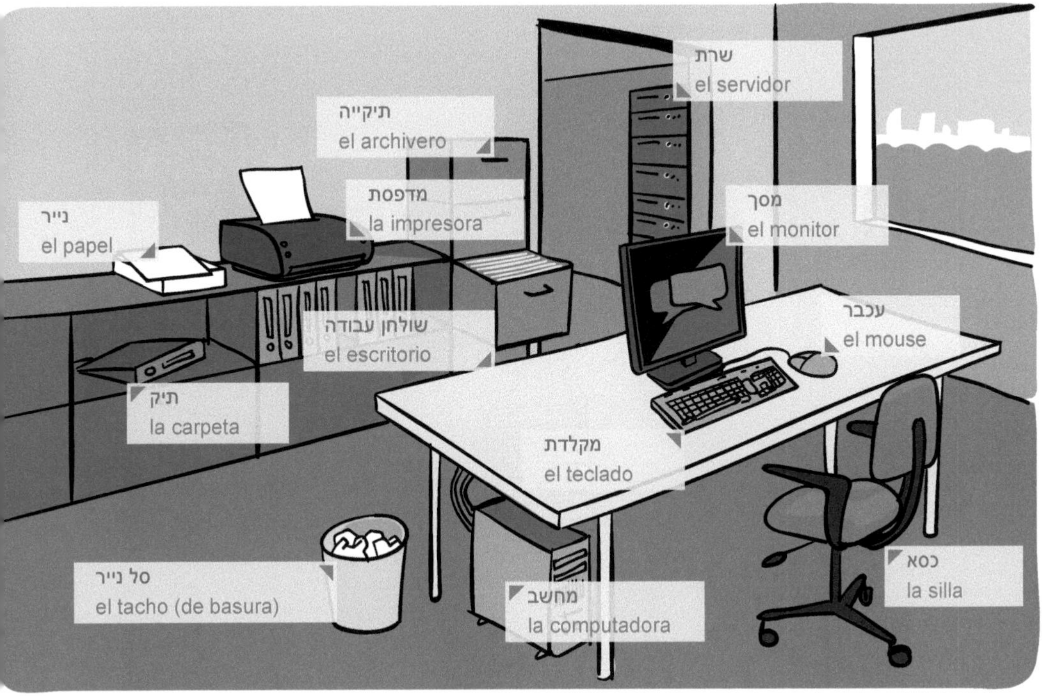

שרת
el servidor

תיקייה
el archivero

מדפסת
la impresora

נייר
el papel

מסך
el monitor

שולחן עבודה
el escritorio

עכבר
el mouse

תיק
la carpeta

מקלדת
el teclado

סל נייר
el tacho (de basura)

מחשב
la computadora

כסא
la silla

ספל קפה

la taza de café

מחשבון

la calculadora

אינטרנט

el internet

מחשב נייד

la laptop

מכתב

la carta

הודעה

el mensaje

נייד

el celular

רשת

la red

מכונת צילום

la fotocopiadora

תוכנה

el software

טלפון

el teléfono

שקע

el tomacorriente

פקס

el fax

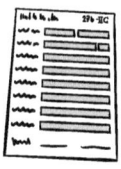

טופס

el formulario

מסמך

el documento

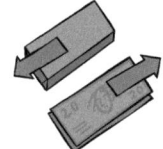

קנה

comprar

שילם

pagar

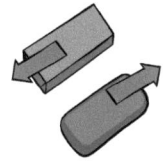

סחר

hacer negocios

כסף

el dinero

דולר

el dólar

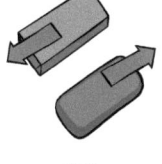 

יורו

el euro

ין

el yen

רובל

el rublo

פרנק שווייצרי

el franco suizo

יואן רנמינבי

el yuan

רופי

la rupia

כספומט

el cajero automático

המרת מטבע

la casa de cambio

זהב

el oro

כסף

la plata

נפט

el petróleo

אנרגיה

la energía

מחיר

el precio

חוזה

el contrato

מס

el impuesto

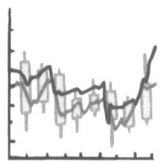

מנייה

la acción

עבד

trabajar

עובד

el empleado

מעסיק

el empleador

מפעל

la fábrica

חנות

el negocio

מקצועות

las ocupaciones

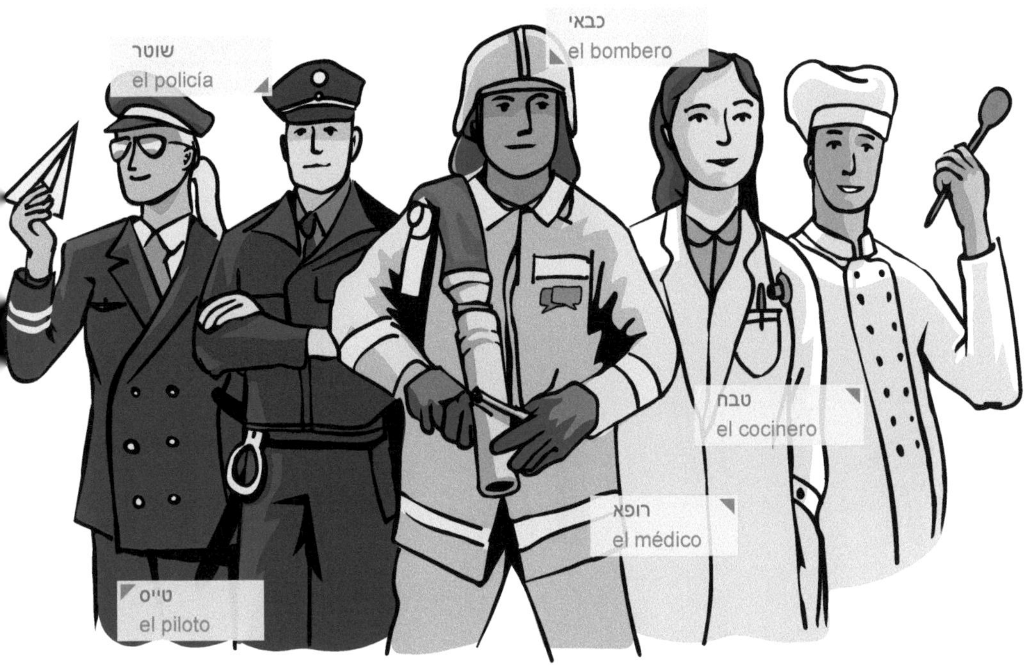

שוטר
el policía
כבאי
el bombero
טבח
el cocinero
רופא
el médico
טייס
el piloto

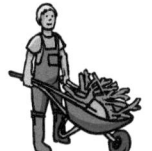

גנן
el jardinero

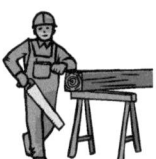

נגר
el carpintero

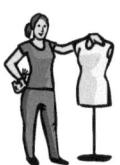

תופרת
la modista

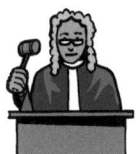

שופט
el juez

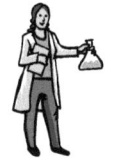

כימאי
el farmacéutico

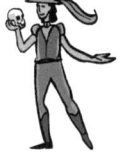

שחקן
el actor

נהג אוטובוס

el colectivero

נהג מונית

el taxista

דייג

el pescador

עובדת נקיון

la mucama

מתקן גגות

el techista

מלצר

el mozo

צייד

el cazador

צייר

el pintor

אופה

el panadero

חשמלאי

el electricista

עובד בניין

el albañil

מהנדס

el ingeniero

קצב

el carnicero

אינסטלטור

el plomero

דוור

el cartero

חייל

el soldado

אדריכל

el arquitecto

קופאי

el cajero

מוכר פרחים

el florista

ספר

el peluquero

כרטיסן

el cobrador

מכונאי

el mecánico

קברניט

el capitán

רופא שיניים

el dentista

מדען

el científico

רב

el rabino

אימאם

el imán

נזיר

el monje

כומר

el sacerdote

כלי עבודה
las herramientas

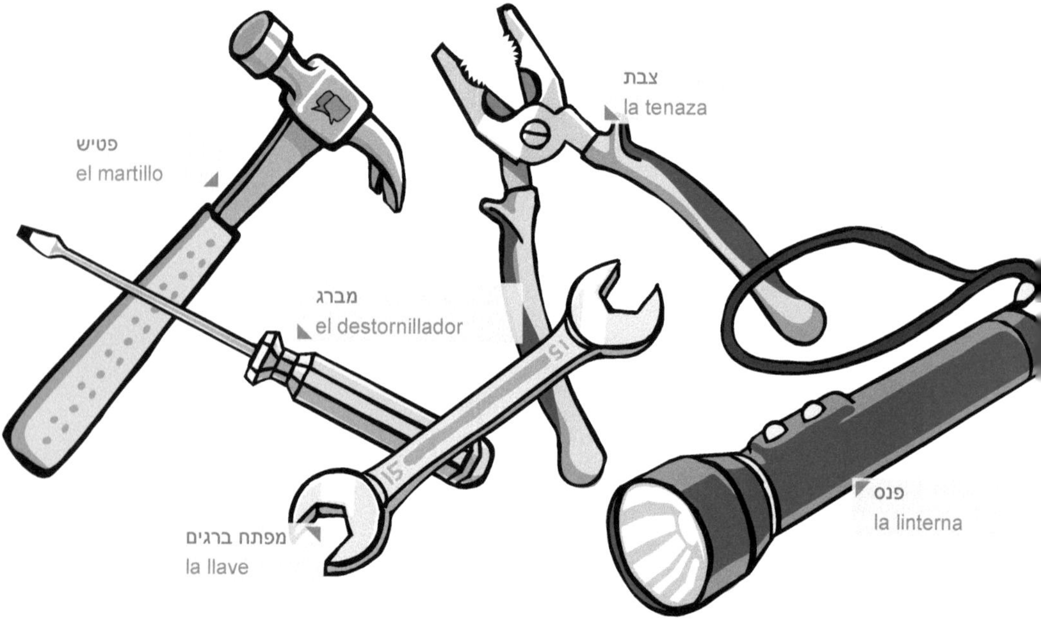

צבת
la tenaza
פטיש
el martillo
מברג
el destornillador
פנס
la linterna
מפתח ברגים
la llave

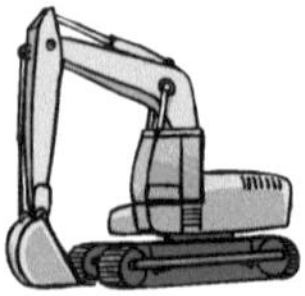

דחפור

la excavadora

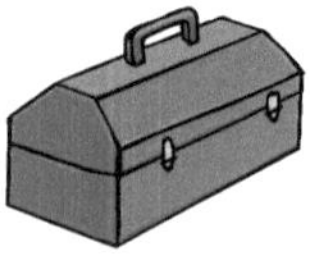

ארגז כלים

la caja de herramientas

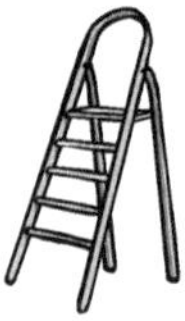

סולם

la escalera portátil

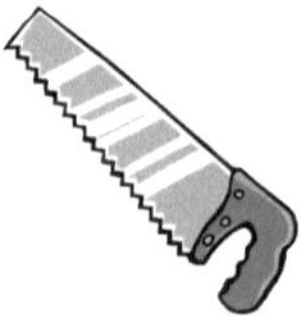

מסור

la sierra

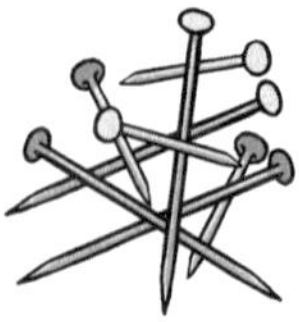

מסמרים

los clavos

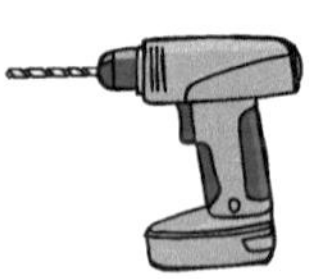

מקדחה

el taladro

תיקון
arreglar

את חפירה
la pala de jardín

לעזאזל!
¡Qué bronca!

יעה
la pala de plástico

פח צבע
el tacho de pintura

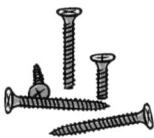

ברגים
los tornillos

כלי נגינה

los instrumentos musicales

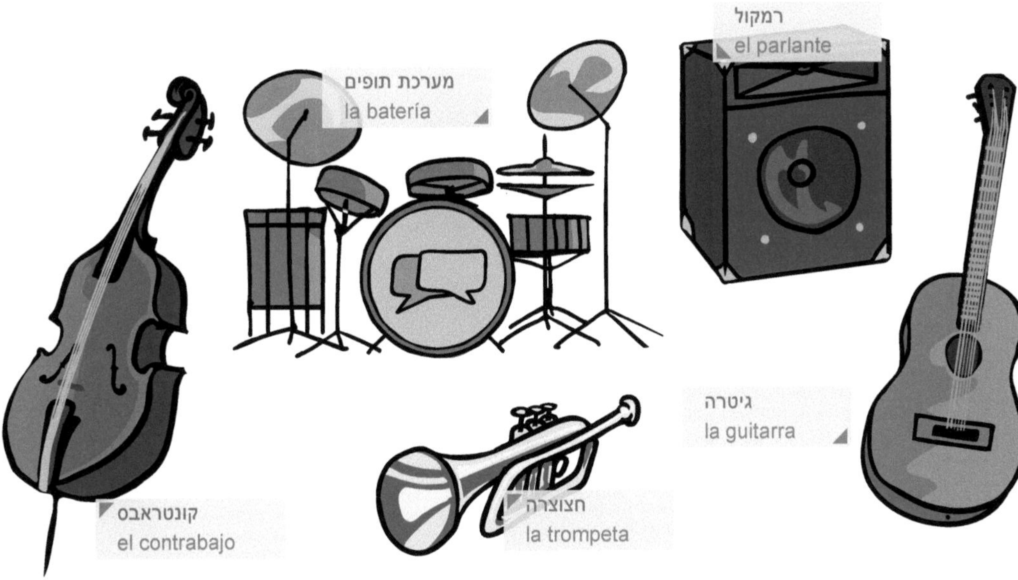

מערכת תופים
la batería

רמקול
el parlante

גיטרה
la guitarra

קונטראבס
el contrabajo

חצוצרה
la trompeta

פסנתר

el piano

כינור

el violín

בס

el bajo

תוף הדוד

los timbales

תופים

el tambor

מקלדת פסנתר

el teclado

סקסופון

el saxofón

חליל

la flauta

מיקרופון

el micrófono

גן חיות
el zoológico

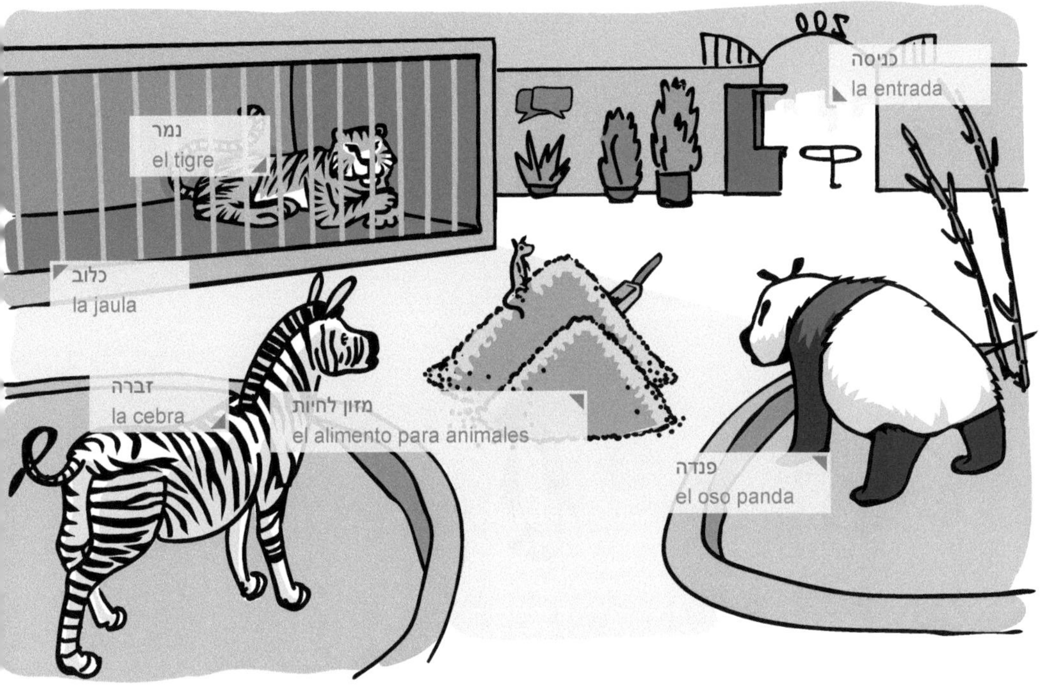

כניסה
la entrada
נמר
el tigre
כלוב
la jaula
זברה
la cebra
מזון לחיות
el alimento para animales
פנדה
el oso panda

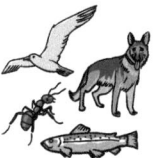

בעלי חיים
....
los animales

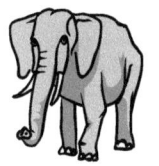

פיל
....
el elefante

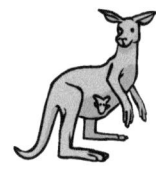

קנגרו
....
el canguro

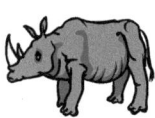

קרנף
....
el rinoceronte

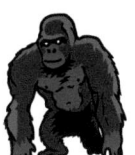

גורילה
....
el gorila

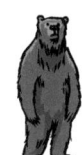

דוב
....
el oso

גמל

el camello

יען

el avestruz

אריה

el león

קוף

el mono

פלמינגו

el flamenco

תוכי

el loro

דוב הקרח

el oso polar

פינגווין

el pingüino

כריש

el tiburón

טווס

el pavo real

נחש

la serpiente

תנין

el cocodrilo

שומר גן החיות

el cuidador del zoológico

כלב ים

la foca

יגואר

el jaguar

סוס פוני

el poni

לאופרד

el leopardo

היפופוטאם

el hipopótamo

ג'ירפה

la jirafa

נשר

el águila

חזיר בר

el jabalí

דג

el pescado

צב

la tortuga

סוס ים

la morsa

שועל

el zorro

איילה

la gacela

פוטבול אמריקאי
el fútbol americano

רכיבת אופניים
el ciclismo

טניס
el tenis

כדורסל
el básquet

שחיה
la natación

הוקי
el hockey sobre hielo

אגרוף
el boxeo

כדורגל
el fútbol

בדמינטון
el bádminton

אתלטיקה
el atletismo

כדור-יד
el handball

עשה סקי
el esquí

פולו
el polo

צחק
reír

קפץ
saltar

חיבק
abrazar

הלך
caminar

שר
cantar

חלם
soñar

התפלל
rezar

נשק
besar

כתב	צייר	הראה
escribir	dibujar	mostrar

דחף	נתן	לקח
presionar	dar	tomar

יש / להיות הבעלים

tener

עשה

hacer

היה

ser

עמד

estar parado

רץ

correr

משך

tirar

זרק

tirar

נפל

caer

שכב

estar acostado

חיכה

esperar

סחב

llevar

ישב

estar sentado

התלבש

vestirse

ישן

dormir

התעורר

despertar

הסתכל ב-

mirar

בכה

llorar

ליטף

acariciar

סירק

peinar

דיבר

hablar

הבין

entender

שאל

preguntar

שמע

escuchar

שתה

beber

אכל

comer

סידר

ordenar

אהב

amar

בישל

cocinar

נהג

manejar

עף

volar

שט

navegar

חישב

calcular

קרא

leer

למד

aprender

עבד

trabajar

התחתן

casarse

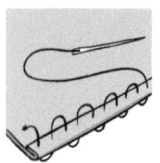

תפר

coser

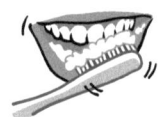

ציחצח שיניים

cepillarse los dientes

הרג

matar

עישן

fumar

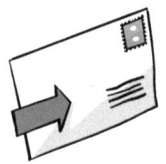

שלח

enviar

משפחה
la familia

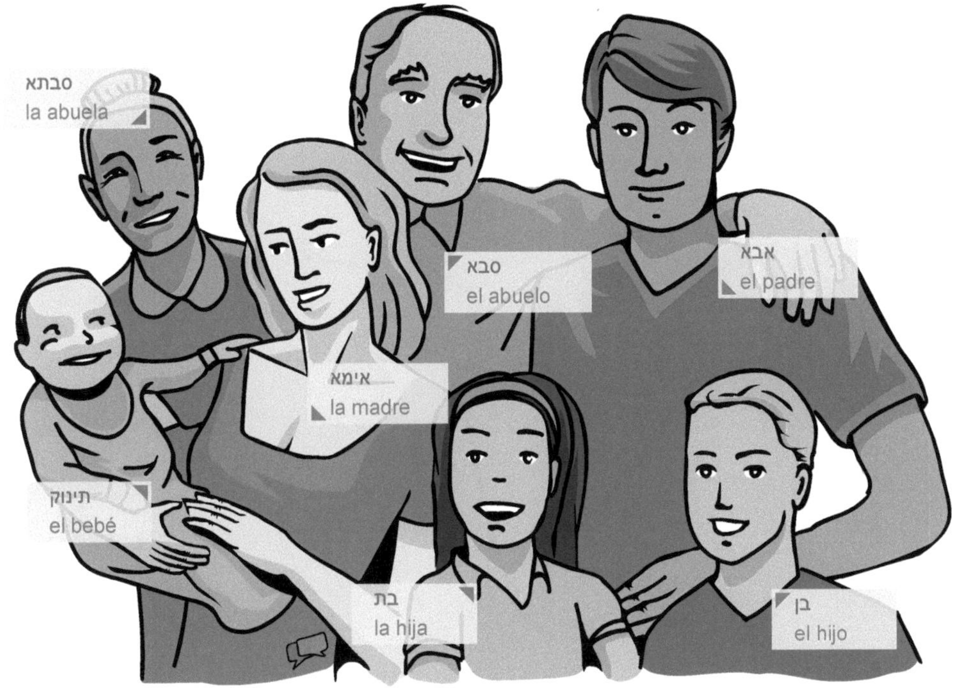

סבתא
la abuela
סבא
el abuelo
אבא
el padre
אימא
la madre
תינוק
el bebé
בת
la hija
בן
el hijo

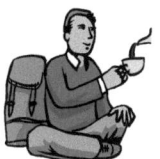

אורח
....
el invitado

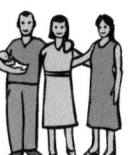

דודה
....
la tía

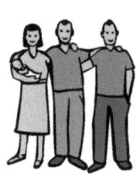

דוד
....
el tío

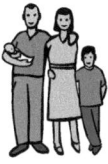

אח
....
el hermano

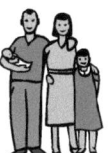

אחות
....
la hermana

גוף

el cuerpo

מצח
la frente
עין
el ojo
כתף
el hombro
אצבע
el dedo
פנים
la cara
סנטר
la pera
כף יד
la mano
רגל
la pierna
חזה
el pecho
זרוע
el brazo

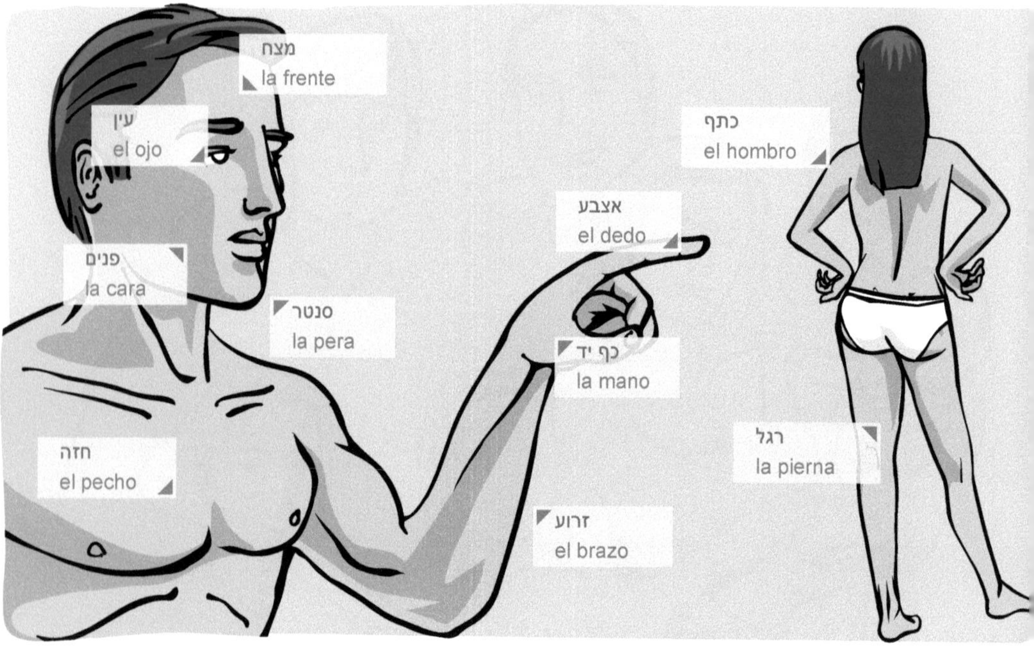

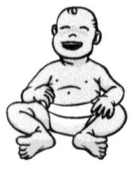

תינוק

el bebé

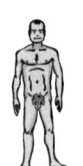

איש

el hombre

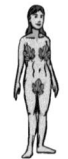

אישה

la mujer

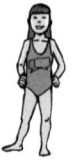

ילדה

la nena

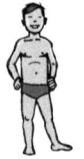

ילד

el nene

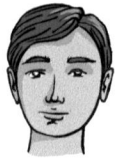

ראש

la cabeza

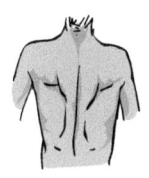

גב

la espalda

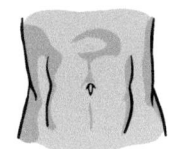

בטן

la panza

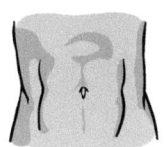

טבור

el ombligo

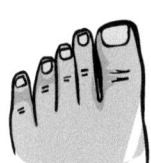

אצבע

el dedo del pie

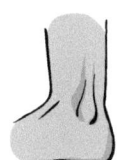

עקב

el talón

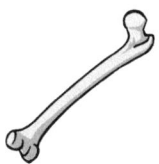

עצם

el hueso

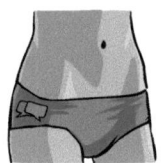

ירך

la cadera

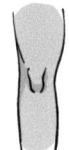

ברך

la rodilla

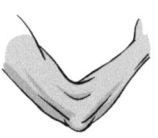

מרפק

el codo

אף

la nariz

עכוז

la cola

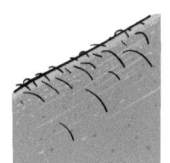

עור

la piel

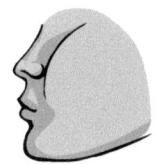

לחי

el cachete

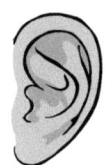

אוזן

la oreja

שפתיים

el labio

פה

la boca

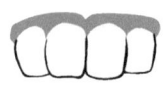

שן

el diente

לשון

la lengua

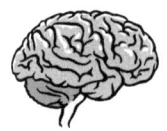

מוח

el cerebro

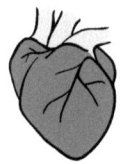

לב

el corazón

שריר

el músculo

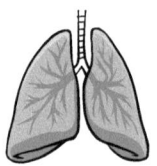

ריאה

el pulmón

כבד

el hígado

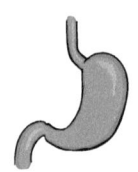

קיבה

el estómago

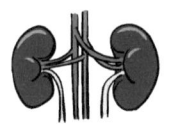

כליות

los riñones

מין

el sexo

קונדום

el preservativo

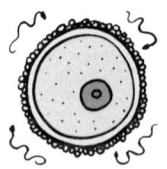

ביצית

el óvulo

זרע

el semen

הריון

el embarazo

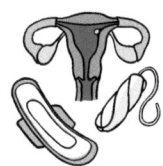

ווסת

la menstruación

נרתיק

la vagina

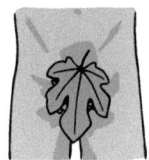

פין

el pene

גבה

la ceja

שיער

el pelo

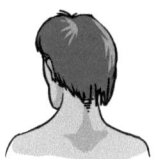

צוואר

el cuello

בית חולים
el hospital

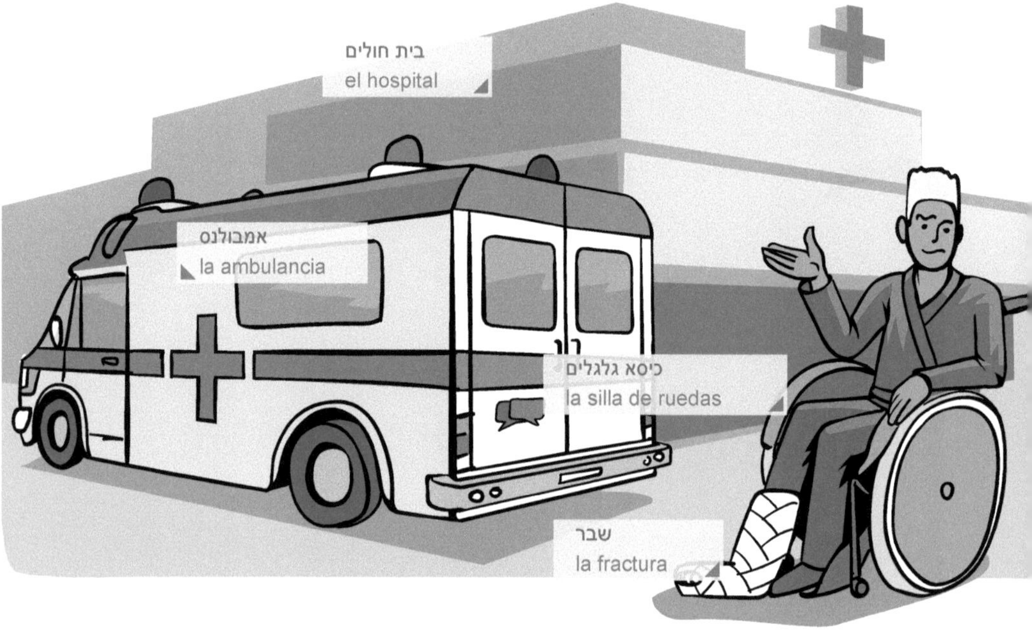

בית חולים
el hospital
אמבולנס
la ambulancia
כיסא גלגלים
la silla de ruedas
שבר
la fractura

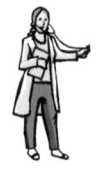

רופא

el médico

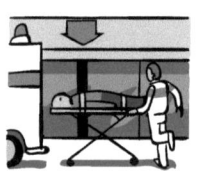

חדר מיון

la sala de guardia

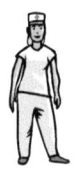

אחות

la enfermera

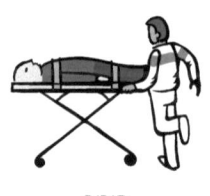

חירום

la emergencia

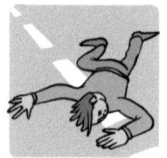

חסר הכרה

inconsciente

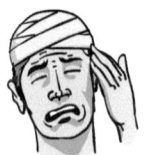

כאב

el dolor

פציעה

la lesión

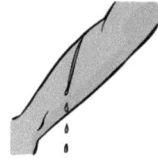

דימום

la hemorragia

התקף לב

el infarto

שבץ

el ACV

אלרגיה

la alergia

שיעול

la tos

חום

la fiebre

שפעת

la gripe

שלשול

la diarrea

כאב ראש

el dolor de cabeza

סרטן

el cáncer

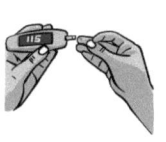

סוכרת

la diabetes

מנתח

el cirujano

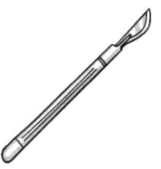

אזמל

el bisturí

ניתוח

la operación

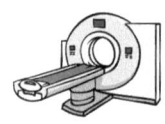

סי-טי

la TC

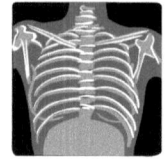

רנטגן

los rayos x

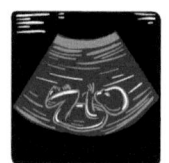

אולטרסאונד

la ecografía

מסיכת פנים

el barbijo

מחלה

la enfermedad

חדר המתנה

la sala de espera

קבה

la muleta

פלסטר

la curita

תחבושת

la venda

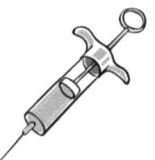

זריקה

la inyección

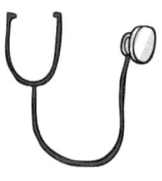

סטטוסקופ

el estetoscopio

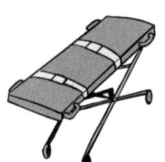

אלונקה

la camilla

מד חום

el termómetro

לידה

el nacimiento

עודף משקל

el sobrepeso

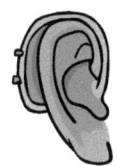

מכשיר שמיעה

el audífono

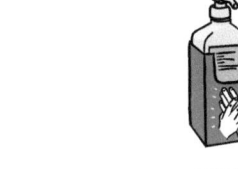

מחטא

el desinfectante

זיהום

la infección

נגיף

el virus

איידס

el VIH / SIDA

תרופה

el remedio

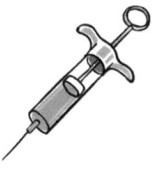

חיסון

la vacunación

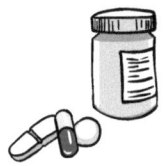

טבליות

los comprimidos

גלולה

la pastilla anticonceptiva

קריאת חירום

la llamada de emergencia

מד לחץ דם

el tensiómetro

חולה / בריא

enfermo / sano

הצילו!

¡Ayuda!

אזעקה

la alarma

פשיטה

la agresión

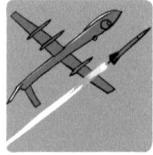

תקיפה

el ataque

סכנה

el peligro

יציאת חירום

la salida de emergencia

אש!

¡Fuego!

מטף כיבוי

el matafuego

תאונה

el accidente

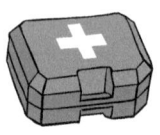

ערכת עזרה ראשונה

el botiquín de primeros auxilios

הצילו!

el SOS

משטרה

la policía

אירופה

Europa

צפון אמריקה

América del Norte

דרום אמריקה

América del Sur

אפריקה

África

אסיה

Asia

אוסטרליה

Australia

האוקיינוס האטלנטי

el Atlántico

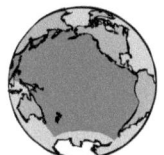

האוקיינוס השקט

el Pacífico

האוקיינוס ההודי

el Océano Índico

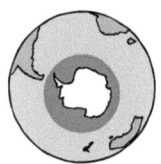

האוקיינוס האנטרקטי

el Océano Antártico

האוקיינוס הארקטי

el Océano Ártico

הקוטב הצפוני

el polo norte

הקוטב הדרומי

el polo sur

אנטארקטיקה

la Antártida

כדור הארץ

la Tierra

אדמה

la tierra

ים

el mar

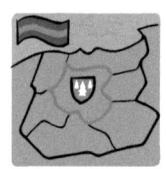

אי

la isla

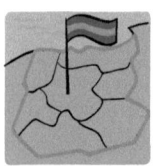

לאום

la nación

מדינה

el estado

פני השעון

la esfera

מחוג השעות

la manecilla de las horas

מחוג הדקות

el minutero

מחוג השניות

el segundero

מה השעה?

¿Qué hora es?

יום

el día

זמן

la hora

עכשיו

ahora

שעון דיגיטלי

el reloj digital

דקה

el minuto

שעה

la hora

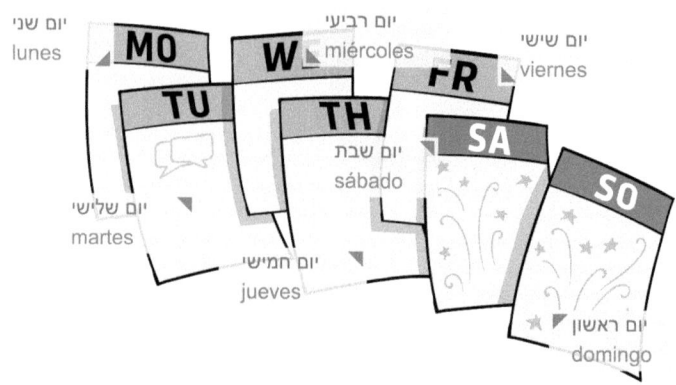

יום שני — lunes

יום רביעי — miércoles

יום שישי — viernes

יום שלישי — martes

יום חמישי — jueves

יום שבת — sábado

יום ראשון — domingo

אתמול

ayer

היום

hoy

מחר

mañana

בוקר

la mañana

צהריים

el mediodía

ערב

la tarde

MO	TU	WE	TH	FR	SA	SU
1	2	3	4	5	6	7
8	9	10	11	12	13	14
15	16	17	18	19	20	21
22	23	24	25	26	27	28
29	30	31	1	2	3	4

ימי עבודה

los días hábiles

MO	TU	WE	TH	FR	SA	SU
1	2	3	4	5	6	7
8	9	10	11	12	13	14
15	16	17	18	19	20	21
22	23	24	25	26	27	28
29	30	31	1	2	3	4

סוף שבוע

el fin de semana

שנה
el año

גשם
la lluvia
קשת בענן
el arco iris
שלג
la nieve
רוח
el viento
אביב
la primavera
סתיו
el otoño
קיץ
el verano
חורף
el invierno

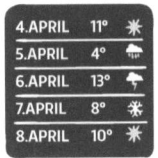

4.APRIL 11°
5.APRIL 4°
6.APRIL 13°
7.APRIL 8°
8.APRIL 10°

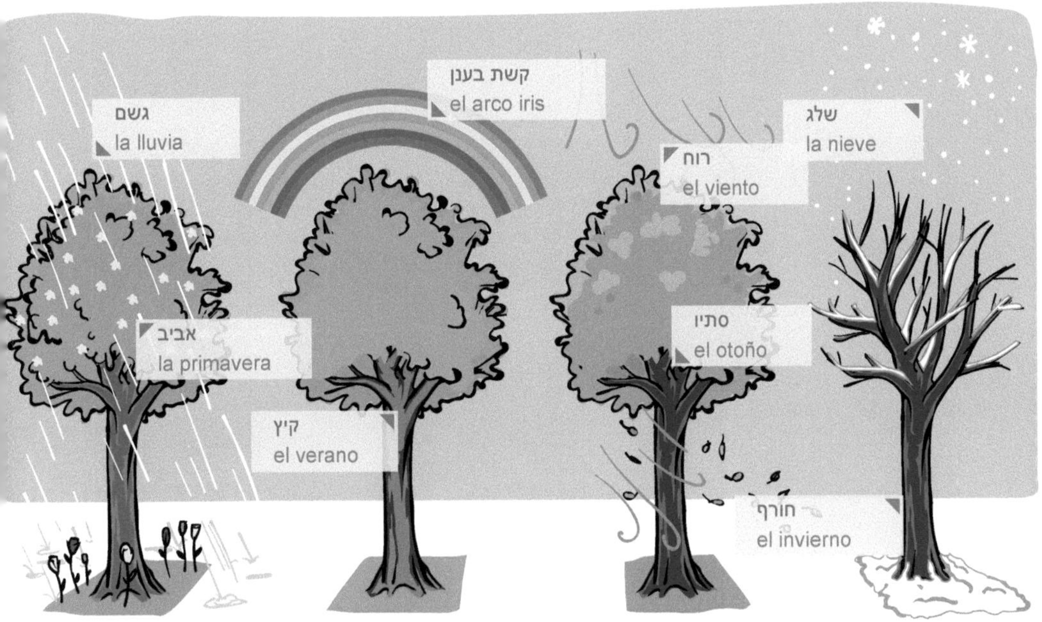

תחזית מזג האוויר

....

el pronóstico meteorológico

F C
120 40
90 30
60 20
30 10
0 0
-30 -10
-20

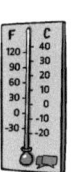

מד חום

....

el termómetro

אור שמש

....

la luz del sol

ענן

....

la nube

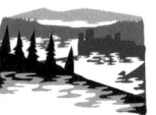

ערפל

....

la niebla

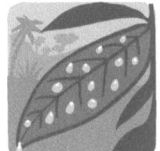

לחות

....

la humedad

ברק

el rayo

רעם

el trueno

סערה

la tormenta

ברד

el granizo

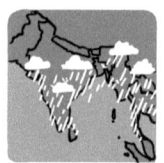

רוח עונתי

el monzón

שיטפון

la inundación

קרח

el hielo

ינואר

enero

פברואר

febrero

מרץ

marzo

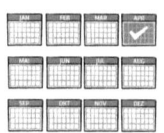

אפריל

abril

מאי

mayo

יוני

junio

יולי

julio

אוגוסט

agosto

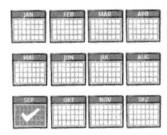

ספטמבר

septiembre

אוקטובר

octubre

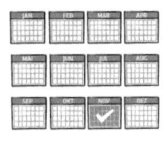

נובמבר

noviembre

דצמבר

diciembre

צורות

las formas

עיגול

el círculo

מרובע

el cuadrado

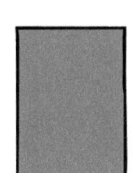

מלבן

el rectángulo

משולש

el triángulo

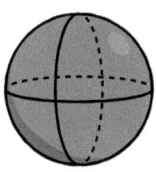

כדור

la esfera

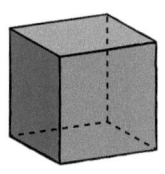

קובייה

el cubo

לבן

blanco

צהוב

amarillo

כתום

naranja

ורוד

rosa

אדום

rojo

סגול

violeta

כחול

azul

ירוק

verde

חום

marrón

אפור

gris

שחור

negro

הרבה / מעט

mucho / poco

כועס / רגוע

enojado / tranquilo

יפה / מכוער

lindo / feo

התחלה / סוף

el principio / el fin

גדול / קטן

grande / chico

בהיר / כהה

claro / oscuro

אח / אחות

el hermano / la hermana

נקי / מלוכלך

limpio / sucio

שלם / חלקי

completo / incompleto

יום /לילה

el día / la noche

מת / חי

muerto / vivo

רחב / צר

ancho / angosto

אכיל / לא אכיל

comestible / no comestible

רשע / טוב לב

malo / amable

מתרגש / משועמם

entusiasmado / aburrido

שמן / רזה

gordo / flaco

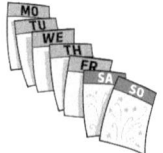

ראשון / אחרון

primero / último

חבר / אויב

el amigo / el enemigo

מלא / ריק

lleno / vacío

קשה / רך

duro / blando

כבד / קל

pesado / liviano

רעב / צמא

el hambre / la sed

חולה / בריא

enfermo / sano

בלתי-חוקי / חוקי

ilegal / legal

נבון / טיפש

inteligente / estúpido

שמאל / ימין

izquierda / derecha

קרוב / רחוק

cerca / lejos

חדש / משומש

nuevo / usado

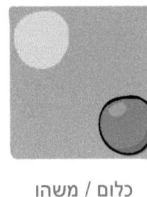

כלום / משהו

nada / algo

זקן / צעיר

viejo / joven

פעיל / כבוי

encendido / apagado

פתוח / סגור

abierto / cerrado

שקט / רועש

silencioso / ruidoso

עשיר / עני

rico / pobre

נכון / שגוי

correcto / incorrecto

מחוספס / חלק

áspero / suave

עצוב / שמח

triste / contento

קצר / ארוך

corto / largo

איטי / מהיר

lento / rápido

רטוב / יבש

mojado / seco

חם / קר

caliente / frío

מלחמה / שלום

guerra / paz

0

אפס

cero

1

אחת

uno

2

שתיים

dos

3

שלוש

tres

4

ארבע

cuatro

5

חמש

cinco

6

שש

seis

7

שבע

siete

8

שמונה

ocho

9

תשע

nueve

10

עשר

diez

11

אחת-עשרה

once

12

שתים-עשרה

doce

13

שלוש-עשרה

trece

14

ארבע-עשרה

catorce

15

חמש-עשרה

quince

16

שש-עשרה

dieciséis

17

שבע-עשרה

diecisiete

18

שמונה-עשרה

dieciocho

19

תשע-עשרה

diecinueve

20

עשרים

veinte

100

מאה

cien

1.000

אלף

mil

1.000.000

מיליון

el millón

אנגלית

el inglés

אנגלית אמריקאית

el inglés americano

סינית מנדרינית

el chino mandarín

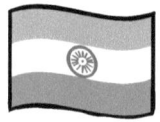

הודית

el hindi

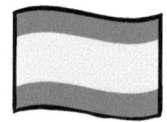

ספרדית

el español

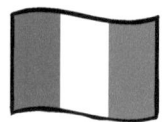

צרפתית

el francés

ערבית

el árabe

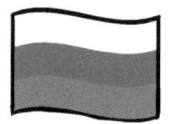

רוסית

el ruso

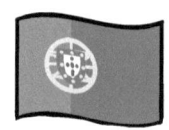

פורטוגזית

el portugués

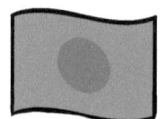

בנגלית

el bengalí

גרמנית

el alemán

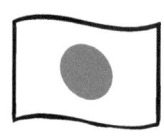

יפנית

el japonés

אני

yo

אתה / את

vos

הוא / היא / זה

él / ella

אנחנו

nosotros

אתם

ustedes

הם

ellos

מי?

¿quién?

מה?

¿qué?

איך?

¿cómo?

איפה?

¿dónde?

מתי?

¿cuándo?

שם

el nombre

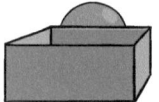

מאחור

detrás

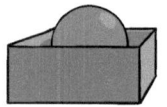

בתוך

en

לפני

adelante de

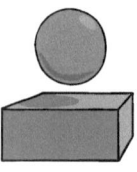

מעל

por encima de

על

sobre

מתחת

debajo de

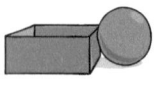

ליד

al lado de

בין

entre

מקום

el lugar